史上最好學的紫微斗數書

奶瓶級飛星算命術大釋放

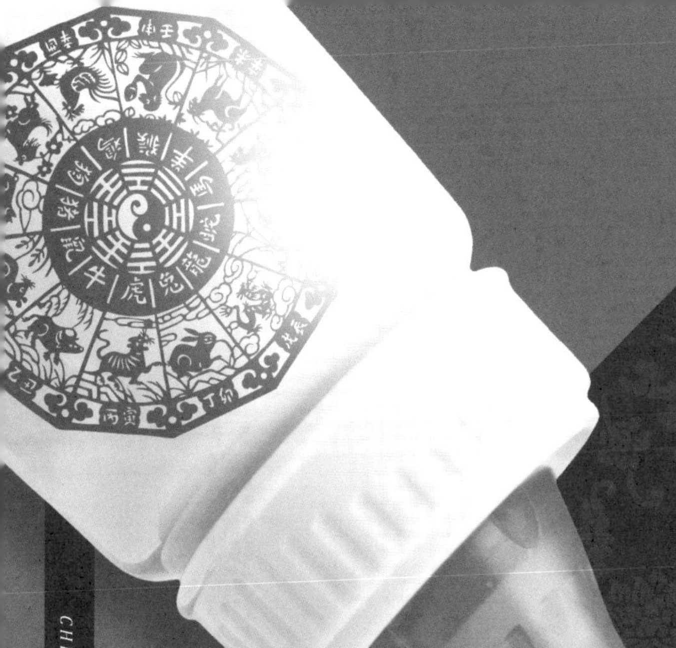

CHINESE ASTROLOGY ZI WEI DOU SHU

紫微白娘子——哄小寶寶力作

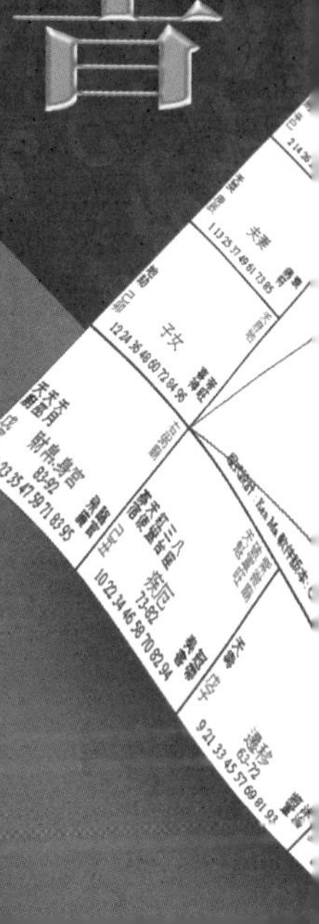

推薦序 1

推人吉凶的高妙智慧

世人皆嘆斗數易學難精，乃不得其門而入使然。坊間書籍雖汗牛充棟，皆以三合為大宗，深入四化之論述者稀。三合者，以多如牛毛的大小星曜組合象義，少能釐清因果，常知其然而不能盡其所以然。

而四化論命是以太極生兩儀（陰陽），兩儀生四象（春夏秋冬）的大自然法則，追因溯果的經緯於人生吉凶得失，故稱斗數以四化為用神。四化之用在過往都是道門師徒相授，少有外傳，所以稱之為宮廷絕學，也造成現今坊間少有精準的四化論述著作，能得心應手的放諸命盤。本門學習飛星紫微斗數的學員，得天獨厚於周清河老師的正確理氣相承，即應心存無私，肩負起正確命理解讀的薪傳重責。

江山萬里，果然處處有賢德，喜見飛星紫微斗數在周傳復君的春風化雨之下，逐漸紮根，後繼有人，花開果結矣。更喜見本書作者的不藏私，深入淺出，諄諄其言的豁達薪傳，令余欣喜莫甚，堪稱後學之大福，眼見善門廣開，福庥於世矣。

紫微的四化之妙，稱為斗數用神者，乃吉凶對應於四化之門，命盤可以一目了然，以凡所有事皆不離因果，故需善觀祿忌並掌握於化祿、祿轉忌、與追祿，追權而得其吉之所在，掌握化忌，忌轉忌與追忌而論之於凶之串聯，以其化象，就可以深入命盤的縱橫格局，抽絲剝繭、剖析禍福。

此引大自然四象而推人吉凶的高妙智慧，非深研於飛星四化者，幾乎不可得。

人生渺不如蜉蝣，驀然回首而生涯若棋子，世事似棋局，棋局總是詭譎莫測，而人生本就苦短，很容易讓人井蛙觀天、夜郎自大，幾人能不糊塗？做學問最怕的就是：自大與糊塗！故而佛法雖精妙，達摩祖師千年前即直言不能免於燈火倒掛。

佛法如此，斗數亦復如是。嗚呼！前不見古人，後不見來者，大江東去，浪淘盡千古風流人物！故而廣願飛星紫微斗數的習者，心秉正直、胸懷悲憫的盡力薪傳，戰兢履冰的導於理氣正道，萬萬不可誤於後學來者，是所致禱。

辛卯年秋　梁若瑜　恭謹

梁若瑜，出生於台灣，出版飛星紫微斗數《十二宮六七二象》廣義的基礎論斷訣，飛星紫微斗數《道藏飛秘》的邏輯與功法及飛星紫微斗數【四化專論】等作品集，為飛星紫微斗數作家，對飛星紫微斗數獨具心得，近年呈隱居狀態。由於學生周星飛到各大命理論壇，發揚梁若瑜老師的飛星紫微斗數，引發一群喜歡飛星紫微斗數之熱潮。

推薦序 2

跳脫傳統命理書的好書

身為「飛星紫微斗數」的老師，見過無數的學生來ＱＱ群學習，其學習的目的及熱情不盡相同。說實在話，要像紫微白娘子，學而能勤、行而有恆、慧根仁宅、善良厚道、術德兼修的好品格，實在命理界不可多得的人才。

有關斗數界可聞見之派別甚多，例如三合派、太歲派、小限派別、中洲派（以「王亭之」為代表）、南派（與中洲派略同）、北派（主要以由十八飛星策天紫微斗數衍生而出）等，各家各派均有歧異點看法也不盡相同。

該書主要參考梁若瑜先生之飛星紫微斗數【四化專論】、飛星紫微斗數《十二宮六七二象》廣義的基礎論斷為基礎為主，另以其他斗數名人之理論為輔撰寫。（梁若瑜先生之飛星紫微斗數主要14星曜，飛入命盤十二宮位，以四化為用神，但須全局「宮位」、「星曜」、「化象」三者一起詮釋）。

紫微白娘子（杜薇），稱這本書為「奶瓶級飛星算命術大釋放」，針對從未學過斗數或對斗數興趣滿滿，而不知如何下手的人策劃、編撰，紫微白娘子跳脫過去一般傳統命理書上之嚴肅口吻。

對於星情之解說，以俏皮生動而活潑詮釋，字裡行間用詞，樸實而無華，不見誇大聳動用詞，文章真情流露，應該說多一分則太矯情，少一分則空洞，是最近命理界書不可多得的好書，在此特別推薦。

有關第一本紫微斗數內容之素材，來自紫微白娘子（杜薇）的部落格http://blog.sina.com.cn/ziweifeixing及龍隱論壇http://www.longyin.net/forum-7-1.html之網友心中之疑惑。

經白娘子驗證、整理、歸納、分析；化繁為簡，以循次漸進方式，有系統地載出，著重於實際精準論命法則，不求功名，無私大方，將研究心得撰寫成書，並提出自己一套研究心得——解盤12大步驟，期望讀者均能「算命不求人」及「簡單瞭解自己命運」。

身為紫微白娘子的老師，對於學生能「青出於藍勝於藍」，「長江後浪推前浪」，真是讓我與有榮焉，此時，心境終於能對得起梁若瑜老師辛勤的栽培，江山代有才人出，一代新人換舊人，成功不一定在我。把正確的命盤能廣泛的傳播於後世，是恩師梁若瑜先生最大的心願，亦是本人最大的心願。

謹序於二0一一年大暑台灣

周星飛本名周傳復，為梁若瑜親自面授得意學生，亦是紫微白娘子（杜薇）的老師，多年來致力於命理教學，培養以學習為目的斗數教學平臺，並將斗數繼續在全世界發揚光大，平日從事整椎推拿服務業，閒暇之餘，除了在部落格(http//:twmyblog.yahoo.com/jw!iQR6Nu.YBRIwQBRwJ.J0.acn/)發表非星理論，另利用ＱＱ平臺，免費教授紫微斗數，在各大命理論壇有一定名氣，現今於龍隱論壇擔任預測師及紫微斗數——星象命理鴻名網擔任超級版主。

這是一本什麼書

可以一眼看穿自己的算命書。
簡單到不能再簡單的算命書。

什麼年齡適合閱讀本書

0歲~99歲，熱切想知道自己人生為什麼這麼困惑的小孩子們。
99歲以上者，您就算成人了，您比我知道的還多了，就算坐著想也都想通了。

什麼精英人才適合閱讀本書

想算命，論壇到處求人，無人理睬的可憐寶寶。
想瞭解自己為什麼人生這麼苦又那麼不順的迷茫寶寶。
想知道自己為什麼總辭職或總被辭退而變得呆傻寶寶。
想知道自己為什麼無人愛或被愛的太多的痴迷寶寶。
想學斗數，總說自己沒時間或者沒記性的懶寶寶。

想學斗數，看不懂古書或者讀不出字的笨寶寶。比如「癸」這個字，你不用知道它唸什麼，你只需要認得它的形狀，在自己的命盤上能找到它就好。你要是找碴遊戲玩得好，這個不算什麼吧！在此我無私的告訴你，它唸「gui」，三聲調，你要是還唸不出來，我勸你就放下吧！

本書閱讀方法及閱讀後能達到的境界

讀書時，請一篇一篇對照自己命盤閱讀，讀後，你基本可以瞭解自己活了這麼多年年歲歲了。

為什麼有心栽花花不開。

為什麼無心插柳柳成蔭。

本書要謝謝

師公梁若瑜，本書理論均為師公理論的奶瓶級解釋。

師父周星飛，免費網絡教學佈施了眾多飛星小種子。

偶就是其中一粒哦！

目錄

注：本書中一切命盤均已經隱去生辰，與任何人無關，如有雷同，純屬巧合。

用命理魅惑你

小寶寶們，歡迎你進入紫微斗數的殿堂，這是一個奇妙的、深奧的、哲理的、清淨的、仁慈的世界！永遠研究不完，又讓你牽腸掛肚！紫微斗數，在喜歡它的人眼中，美得不可方物。

先給大家看2個命盤吧！讓你窺視一下命理的殿堂。為何自古讓無數人為之競折腰！你現在可能還看不懂這些命盤，但是，等你細細看過這本書之後，你一定會明白是什麼意思，進而能簡單的分析自己的命盤！Let's go！

例子一　超級大情聖

命主是一個女孩子，目前32歲，還未結婚。從20多歲開始，就在感情這條路上跌跌撞撞，一路走來無比心酸，為什麼呢？

夫妻宮坐辛文昌生年忌↓前世欠感情債，是今生痛苦之所在。

命辛文昌忌入夫妻↓我在乎感情，為異性付出一生不悔。

福德坐巨門生年祿，轉辛文昌忌入夫妻↓對異性極其寵愛，但是又存在挑剔。

夫妻己文曲忌入福德↓異性讓我心情抑鬱、難受，給我精神很大壓力。

命和福德都是我的情緒宮位，都指向夫妻了，也就是我一天24小時都牽腸掛肚在這裡，對這塊拿不起放不下，折騰來折騰去。

2007年，踏夫妻宮2忌，本來要

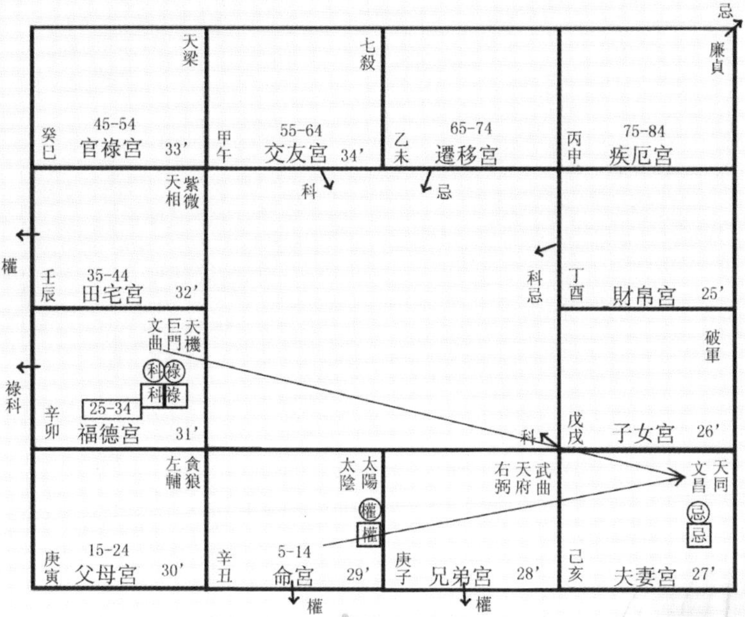

結婚，因為前男友回歸，斷送了大好姻緣。

2009年，踏命宮，被前男友劈腿，當年痛苦不堪，嚴重抑鬱。

2011年，又處在結婚不太滿意，不結婚又怕自己年齡大了，這樣一個關口唉，要什麼沒什麼，莫非命矣？糾結在哪裡，哪裡就永遠得不到，或者得不到就糾結，最後轉無數圈還是得不到……

例子二 珍惜情義而損財的博士

這是一位博士的命盤。照說，智商可以吧！可惜被騙錢了，為什麼呢？

命己文曲忌入交友↓惜情重義，相信別人，交友宮包括同性和異性的同輩。

福德己文曲忌入交友↓怕寂寞而非理性交朋友，也是偏執的在乎朋友。

交友壬武曲忌入命↓欠朋友債，朋友多來討債，多來黏住我。

田宅庚天同忌入兄弟，逢生年忌，財帛乙太陰忌入兄弟↓三個財庫都忌一起，有經濟混亂，退財之象。

也就是說，他惜情重義的個性，最後和財庫的忌造成了兄友一線的強烈對沖。要想講情義，就花錢嘍。2008年踏兄弟宮，前女友離他而去，人財俱損。2009年踏命宮，還因為重情義，花錢幫著前女友做很多事情。

重感情之人常破財，重錢之人常沒有朋友。莫非命矣？人生因果法則，除了冥冥之中的債之外，你今生的個性也決定你的行為，大因果還套著小因果。

看完2個例子，你一定覺得怪異，那就改改不就行了，別對感情偏執，找個男人踏實過就得了，或者別對人那麼講情義

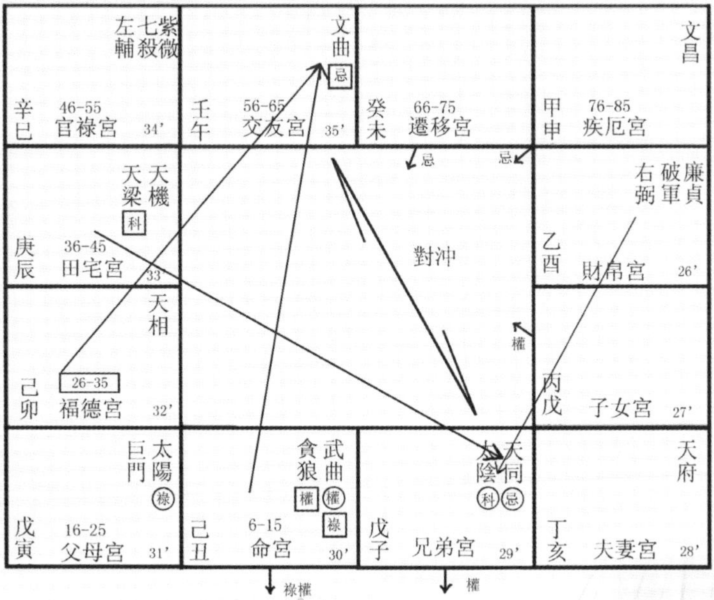

別花錢，不就行了？問題是，誰能真正改的了呢？我算了很多命，發現能扭轉乾坤的人還真不多。

因果是編劇，

命盤是劇本，

我們是舞台演戲的人，

我們不能改變劇情，但我們可以發揮更多。

喜歡命理的朋友，請你翻開書，你可以按順序閱讀，也可以按自己喜好挑選閱讀。

總之，你一定可以平靜心靈，認識一個陌生的自己。

小寶寶們，坐好，我們要開始上課啦

第一步，請你問媽媽，自己自然出生的年月日時，以當地時間為準就可以（因為古人都是看太陽高低來計算時間的，所以要用當地時間，無需轉換北京時間）。

2個小時一個命盤，如果媽媽記不清了，時間拿不太準，也可以透過一步一步的命盤分析慢慢給自己定盤，但是這個就需要時間和功夫了。

第二步，請你下載飛星排盤專用軟件。

我提供1個目前可以下載的地址http://ishare.iask.sina.com.cn/f/23087574.html軟件（軟體）解壓打開後，是亂碼，需要在**Language**裡面調整到Chinese GB，然後關掉，重新打開即可使用。

排盤做為斗數學的基礎是非常重要的知識，希望有心立志於長期學斗數的寶寶們學會自己手動排盤，不要什麼都依賴軟件。但是因為這本書主要是讓大家學會最簡單的應用，所以排盤的部分就省去了，我們直接進入主題啦！

溫馨小提示：把排盤軟件發送到桌面會更方便啦！尤其，在電腦螢幕上，左邊是書，右邊是你的命盤，會更容易瞭解你的人生小秘密，一點都不錯過呢！

第一課

認識命盤的模樣

命盤都不認識，就無法學了，這是唯一一節枯燥的基礎課，要豎起耳朵聽

重點語詞：紫微12宮、紫微18星、生年祿權科忌、命祿權科忌、自化、大限、流年、一個宮位如何祿入另一個宮位、一個宮位如何忌入另一個宮位。

1、這是一張命盤，中間的部分，是生辰年月日時，這裡隱去是為了避免誰誰誰對號入座。

2、命盤有12宮，逆時針數，命、兄弟、夫妻、子女、財帛、疾厄、遷移、交友、官祿、田宅、福德、父母，你能順時針自己也數一遍嗎？

3、命盤有18顆星星，我們只講

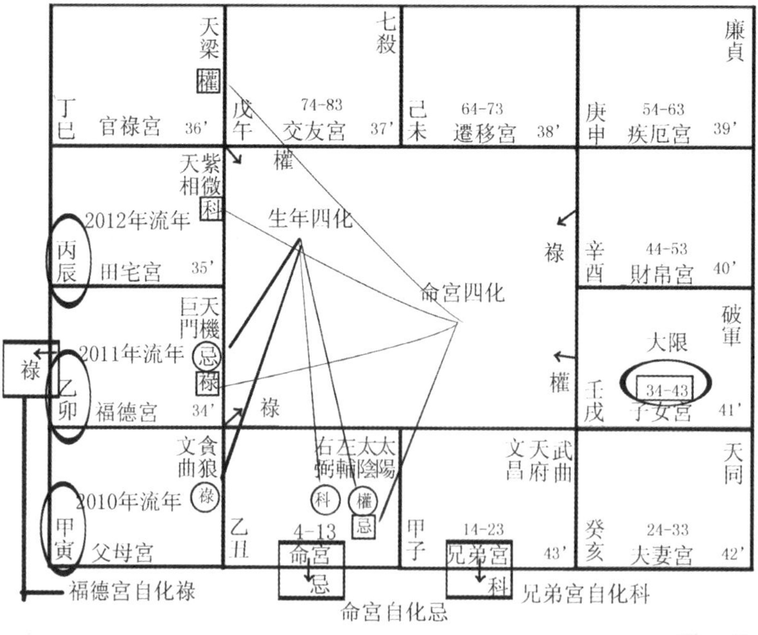

18顆星星，你能把它們都找齊嗎？你能找出，你命宮是什麼星星嗎？

4、命盤裡有一組紅色圈圈的祿權科忌，叫生年四化——生年祿，生年科，生年權，生年忌。這就是你與生俱來的福分和倒楣之處。一般來說，生年祿的宮位，就是老天給你很大的福。生年忌的宮位，往往是你一生的缺憾和不斷需要付出的地方。

比如這個盤：生年祿在父母宮、生年權在命宮、生年科在命宮、生年忌在福德宮。

5、命盤裡有一組藍色框框的祿權科忌，叫命宮四化——命祿，命權，命科，命忌，這代表你一生中最大的個性傾向，也會決定你一生的發展方向。

你有什麼個性，也是註定的，但是，如果個性不好，是可以在意識到之後稍微調整的，這就是命理人所說的，知命改命。

比如這個盤：命祿入福德、命權入事業、命科入田宅、命自化忌。

6、你在排盤軟件界面的右側可以看到，祿權科忌的選擇按鈕，選擇後，用游標點每顆星星，就可以點出，哪個宮化祿到這顆星星上，哪個宮化權到這顆星星上，哪個宮化科到這顆星星上，哪個宮化忌到這顆星星上。綠色代表祿，藍色代表權，豆綠色代表科，紅色代表忌。

7、看見有幾個從宮裡面往外畫的紅色小箭頭（不是那個往裡畫的粉箭頭哦，別搞混了）？這個叫做宮位自化。自化就是化不出去了，只好自己消化了。自化分為自化祿、自化權、自化科和自化忌。自化也大有意義，自化產生的變數最多，是最難把握的一塊。

比如這個盤：命宮就自化忌、福德宮自化祿、兄弟宮自化科。

8、有一個紅色的長方形框框，是標注的大限。什麼叫大限？一般講，10年一個大限，就是每個人起點不一樣，因為這本書主要講應用，所以這個也不用學習了，軟件都排出來了。比如這個命盤，目前大限34～43歲，走在子女宮。我們說，大限目前走子女宮。大限的特點會掌管你的10年。

9、今年2012年，是龍年，辰龍，所以，2012年所有的人，都走在辰這個宮位。看到圈圈了沒有？我們稱它叫流年。流年的特點會掌管你的一年。2011年是兔年，大家的流年都在卯宮。2013年是蛇年，大家流年都在巳宮。

10、每個格子右下角的數字，代表你的年齡。

命盤就基本認識完了，太easy了吧！我們講點深奧的。

四化是怎麼得來的？為什麼生年四化在這幾個宮，而不是那幾個宮呢？為什麼有的宮會出現自化呢？

甲乙丙丁戊己庚辛壬癸↓10天干，每個天干都能發出4個祿、權、科、忌，叫四化。

這10天干就分布在你命盤的每個宮，但是12個宮位分不過來，所以，每個盤都有兩對宮干是重複的。不信，你去看看你的盤。

天干（宮干）	化祿	化權	化科	化忌	簡寫口訣
甲	廉貞	破軍	武曲	太陽	甲廉破武陽
乙	天機	天梁	紫微	太陰	乙機梁紫陰
丙	天同	天機	文昌	廉貞	丙同機昌廉
丁	太陰	天同	天機	巨門	丁陰同機巨
戊	貪狼	太陰	右弼	天機	戊貪陰右機
己	武曲	貪狼	天梁	文曲	己武貪梁曲
庚	太陽	武曲	太陰	天同	庚陽武陰同
辛	巨門	太陽	文曲	文昌	辛巨陽曲昌
壬	天梁	紫微	左輔	武曲	壬梁紫左武
癸	破軍	巨門	太陰	貪狼	癸破巨陰貪

我們用來舉例的命盤，是戊午年出生的。所以，生年四化，就是用口訣「戊貪陰右機」。

戊貪狼祿　貪狼在父母，所以生年祿在父母。
戊太陰權　太陰在命，所以，生年權在命。
戊右弼科　右弼在命，所以，生年科在命。
戊天機忌　天機在福德，所以，生年忌在福德。

命宮宮干是乙，用口訣「乙機梁紫陰」。
乙天機祿　天機在福德　所以，命乙天機祿入福德。
乙天梁權　天梁在官祿　所以，命乙天梁權入官祿。
乙紫微科　紫微在田宅　所以，命乙紫微科入田宅。
乙太陰忌　太陰就在命　所以，命只好自己消化，就叫自化忌。自化就是這麼得來的。

口訣網上有好幾個版本，大家還是記這個吧！我當年背這個口訣的時候，早晨上班路上差點撞車，好投入啊！憶當年，感慨一下。你們也要留神別因為背口訣走神被老闆給開除哦！

當然，如果你記性不好，你都不用背，來回對照著看，或者利用命盤的功能點出來祿的線和忌的線就可以了。這本書，就是給不會背書的小寶寶們看的。

什麼叫祿？祿是喜悅，機會，順利；什麼叫權？權是積極，控制，企圖。什麼叫科？科是名聲，貴人，緩和；什麼叫忌？忌是執著，黏住，困難。

我們主要以講祿和忌為主。大家一般對祿的感受很少，覺得已經擁有的生活是很正常的，但是，一提到忌，每個人都說，是啊，好苦啊，我怎麼老得不到呢？看到祿就高興，看到忌就苦瓜臉了，恨不得把忌從命盤給抹掉。其實，祿和忌也是辨證的，祿太多了人會懶，胸無大志，坐吃山空；忌缺少了也不會奮發圖強，還容易半途而廢。常見富人玩樂揮霍掉變窮人，窮人玩命打拼變富人，就是這個道理。

第二課

命宮的星星，代表著我

從這章起，你就可以對照著命盤瞭解自己了，我們的心靈之旅要開始了！

命宮的星曜，可以透露你的個性和氣質，或者說，你在別人眼中，你就留下這印象。

紫微

在封神榜裡是周文王的長子，伯邑考，地位尊貴。紫微也代表高級的物品。紫微美其名曰帝王星，其性也，亦如帝王。紫微坐命的人多是穩重老成，心高氣傲，不甘雌伏人下。為人也較孤僻，注重自身品格，精神層面相當高傲，但耳根軟，心地善良，處處為人著想，有蔭人之心無求回報之所得。喜歡掌權，也喜歡排場，主觀很強，不願接受他人施予，不願隨意附和。

天機

在封神榜裡代表姜子牙，益算之星，運籌帷幄。天機化祿為善，化忌愛鑽牛角尖。天機入命的人，大多心性善良，天機是智能星，好動腦筋，反應快，對任何未知之事，都會急著想去分析研究，性急，講話很快，大多情緒不穩。天機也代表佛法和命理，天機化祿在命宮，常有佛緣，也冰雪小聰明，你肯定算不過他。天機化忌，聰明反被聰明誤，鑽牛角尖，相當神經質，也容易抑鬱，卻容易一心鑽研某種學問。

太陽

在封神榜裡代表比干，紂王的忠臣。光明磊落，寬宏大量，光芒四射，博愛，是發散型的。太陽也注重精神層面的施予和付出，但不像紫微星那麼自己把自己當貴族。太陽坐命的人不計較是非，對金錢沒有控制力，愛好各種活動，喜交朋友，樂於助人，極為主動開朗，如果女孩子太陽坐命，常有陽光大男孩的爽朗樣貌。太陽化祿在命宮會更熱情，簡直沒事都會跑來幫你忙，化忌會容易有視力、頭部、心臟、血壓的問題。

武曲

在封神榜裡代表周武王，周文王的二兒子。剛毅正直，主觀，剛則孤寡。武曲入命的人，主個性果斷，勇敢，有決斷力，氣度寬宏，做事求速戰速決，有堅韌不拔的毅力，不認輸，不被人左右，喜歡掌權，宜軍職。但因為其孤寡的個性，多主人緣不佳，與人不親。如果武曲化祿在命，數學金融觀念特別棒，還容易吃素，也會在孤寡的性情這方面緩解一些。武曲化忌，會更加孤僻哦，也會有小財迷的情況，容易有肺、骨骼、乳房、結石、牙齒的問題。

天同

在封神榜裡代表周文王，福星，益壽星。天同這顆星曜有點孩子氣，有點懶洋洋，意志不堅定，做事猶疑不決，基本無遠大理想，故一生較少積極去創造，往往是為形勢所迫，非做不可時才肯動身。溫和仁慈，好文藝，文墨精通，詩情畫意，喜歡整潔舒適的生活。天同的人很容易受感動，天同比較柔軟，也喜歡享受，和美食、娛樂文藝很有緣。天同化祿在命，容易有福可享，進而變得更懶，安逸於現狀，天同化忌容易有內分泌、泌尿方面及跌打損傷的問題。

廉貞

在封神榜裡代表費仲，紂王的奸臣。廉貞也是大桃花星，象徵著酒色財氣。廉貞坐命的人，大多要靠自己，好強性硬，不認輸，心直口快，好辯論，尤其做事神氣活現，投機取巧，常有弄巧成拙的時候。廉貞偏向物質慾望，容易貪婪，而且比較現實，可以為了目的鋌而走險，菸酒賭色皆可碰觸。廉貞化祿，會更多情，才華橫溢，藝術、設計、法律都很好，很八卦。廉貞化忌，執著於菸酒賭色，還容易惹法律問題，論到身體，還容易發炎，見血光，甚至癌瘤。

天府

在封神榜裡代表姜皇后，紂王賢惠的妻子，被妲己害死。代表大地祿庫，以哺育眾生。天府坐命宮的人，個性溫和厚重，四平八穩，敦厚有餘，威勢不足（海綿，一般都不瘦），但較重視名利，具有高傲自賞的心態，掌握處理多項事物之能力，自立自強，不依賴別人。思想不偏激，不屬於衝殺的個性。愛惜錢財，喜歡儲蓄，理財好手，喜歡掌權管理。天府坐命的人都珍惜面子，也給人面子。

太陰

在封神榜裡代表黃飛虎的夫人，被妲己設計遭紂王調戲，不從跳樓致死。代表冰清玉潔顧家的小女人。太陰坐命，女性溫和柔美，賢淑文雅，內斂好靜、很有博愛、同情心，易脆弱，有潔僻，注重家庭，異性緣重。男命太陰入命，有陰柔之美，看起來有女孩樣。太陽坐命的女孩有男孩樣，太陰坐命的男孩有女孩樣，兩者相反。太陽太陰同時坐命的人，都容易情緒多變，典型夜貓子，日夜顛倒。太陰化祿，代表女性荷爾蒙，女性容易豐滿白皙。太陰化忌，容易皮膚病，皮膚慘白，荷爾蒙分泌失常。

貪狼

封神榜裡代表妲己，哇，那個勾引紂王的壞女人。貪狼，也是桃花星，代表酒色財氣，但也偏向於大的才藝，比如琴棋書畫、修行、教育和各類專業人才都要貪狼星漂亮哦！貪狼坐命，好動外向，不耐靜，多慾望，性剛猛烈，喜怒無常，做事急速，但耐心不夠，草草收場。貪狼的女性，長得也漂亮性感，喜公關。貪狼有著靈活善變的個性，特別善於眼前捕捉機會，一有機遇絕不放過，目的性很強，但達到目的，就放蕩不羈，行善和後天的修為對於貪狼的人非常重要。貪狼化祿在命，多情，才華橫溢，文化人、演藝人員都沾邊。貪狼化忌，對物質多慾望，感情迷亂，也容易有菸酒賭和性的問題。

巨門

封神榜裡姜子牙的嘮嘮叨叨的妻子，最後還因為姜子牙實在頂不住她的嘴了，不得不離婚解脫。此星主伶牙俐齒，口舌是非，一張嘴不饒人。巨門入命宮，與「口」總分不開，化祿，口才好，多適合以口為主的職業，容易說話討人喜歡，很多從事業務、外交、法律、教學講課的人才都和巨門有緣，如果巨門化權，還常雄辯，發號施令，別人根本無法拒絕他的意見。化忌，一生多招口舌是非，禍從口出，而且猜疑心強，不大相信別人，凡事都疑神疑鬼的，搞到別人和自己都煩。巨門忌的人還容易對邪門的事物感興趣，要多提醒自己，常看佛書，心存善意，避免惹事生非。

天相

在封神榜裡代表聞太師，紂王的忠臣，司衣食，主爵位。天相坐命的人端莊斯文（基本都文謅謅的，說好聽是文質彬彬），穩重老實，喜歡乾淨整潔，規規矩矩，為人慈愛可親，具有服務熱誠，有較好的管理能力和處理事務的能力，並能做到犧牲自我的利益而服從大局，善從中幽默調和，有和事佬之稱。安分守紀，比較缺乏爆發力及開拓力，知足常樂，故宜幕僚，輔佐他人的幕後工作。

天梁

封神榜裡代表李天王，周軍主帥，百戰不死，蔭星，老大星，代表政府軍隊警官。也是膨風星，天梁在遷移，說話誇張，和巨門串聯一起，三分說成十分，假亦真來真亦假，但並非是惡意。天梁入命，少年都有老氣橫秋的模樣。個性清高，原則性強，不容易低頭，喜為人排難解紛，照顧別人，自律很深，一副老大的德行。負面來說，自以為是，孤芳自賞，每每無意中招人嫉妒。天梁化祿，也容易有善根，與宗教甚有緣分，對哲學玄、學方面的興趣很濃，化祿，也容易受政府長輩照顧。天梁還有高級草木、中醫、教育的意思。

七殺

在封神榜裡代表黃飛虎，紂王的忠臣，紂王的猛將，妻子被害後起義投周。肅殺之星，勇猛果決。軍警，五金都和七殺有關。外形精悍，渾身是勁。行為粗獷豪放，不拘禮節，走路速度快。個性倔強剛硬，不喜多言，有正義感，做事乾脆果斷，不拖泥帶水。不喜歡受到別人的約束干涉，具有反叛性。為人好投機冒險，不怕做不到，就怕想不到，在人生的路上屬於進攻開創型的人物。有很優秀的領導統御能力，只是個性急躁，愛發脾氣，往往惹事生非。七殺的人，腦子裡常「衝啊，尤其不服上司」。但個性率真，外表強悍，內心脆弱，惹人憐愛。

破軍

封神榜裡的紂王，暴君。破軍主數量大，破耗，鬧市，地攤。破軍坐命的人，男性身材比較厚重不高，女性爽朗或者神經反覆，一般都不重禮儀，不修邊幅，穿著邋遢怪異，還可能神經兮兮愛吃零食。破軍主性急，好強，獨斷專行，但做事貫徹到底，不認輸，卻記仇，喜報復人，還具有破壞性，喜歡以武力解決問題。破軍的人有很強的好奇心，喜歡求變，個性乖張，無拘無束，人生多起伏。一張嘴說話常不留餘地，導致人緣不佳。破軍化祿，如小霸王一樣，搗亂又可愛，難管教。

文昌文曲

文昌代表科甲等正統文學，文曲代表野史等另類文學，文曲還有豐富多彩的意思。坐在命宮，會增加人文采的特點，多才情，好詩書，利於學業、功名，出口成章。文昌文曲也是神經系統的星，如果在命宮化忌的話，這個人會有強烈的神經質，心性不穩。而且文昌文曲化忌還意味著可能一生都容易被學歷、文書、證件問題困擾。

左輔右弼

代表助善之星，左右為旋，排憂解難。在命宮，為人隨和，靈巧能幹，有上進心，有雄心抱負，又主風采斯文，多遇貴人。左輔右弼可以化科，如果這兩顆星在命宮，人容易溫和斯文體面，所以才多得貴人吧！偷偷告訴你們，這樣的人連面試都好通過，一看就文雅翩翩。化科還會有憑藉某種才華聲名遠播之意。

如果你的命宮是兩顆星，就請自己組合一下，肯定兩方面的特質都有。如果你命宮的星星不是生年祿或者生年忌，你優點缺點都要看。如果這個星星在命，還是生年祿，那麼你可能具備更多的優點。如果這個星星在命，是生年忌，那麼你佔的缺點更多嘍。比如，巨門坐命。如果不化祿化忌，你可能有巨門帶來的優點也可能有巨門帶來的缺點。但是如果巨門生年祿在命，你容易能說會道，招人喜歡。如果巨門生年忌在命，乖乖，你能不說話就別說話吧！別因為說話找磚頭砸哦……如果你的命宮沒有星星，我們可以從宮位四化的角度來看個性，我們不藉對宮星曜參考，就請繼續往下閱讀吧！

解盤手法大放送A

這篇文章，如果你只看自己命宮的主星，就太浪費了，可以好好利用一下的。每個人都有摯愛的家人，你趕快來瞭解一下你的家人在你眼裡是不是上述的樣子吧！

其實，六親宮位的星曜，往往就代表他們在我眼裡的樣子。

我把六親宮位代表的親人簡單列出來嘍，你對照看。

命宮：我，奶奶。
父母：父親，大姐妹。
兄弟宮：媽媽，大兄弟，大女兒。
夫妻宮：老公老婆，結婚前的異性朋友。
子女宮：大兒子，婆婆，二老公、二老婆或者已婚之後的情人。
財帛宮：三老公或者三老婆。
疾厄宮：兒媳婦。
遷移：孫子。
福德：爺爺。

解盤手法大放送B

你看完自己命宮的星星和未來老公老婆的星星（這是我猜的，你保證第一個先看夫妻宮）後，這篇文章還可以再利用。

因為生年祿和忌是哪顆星，無論它在你命盤的哪個宮位，你都會有符合這顆星星意義的特別表現。比如你是廉貞生年祿，無論在哪個宮位，你都有廉貞祿的特點，比如才華很好或者多情，如果廉貞生年忌，無論在哪個宮位，都容易代表感情可能不順利或者容易發炎血光甚至容易惹到法律問題。宮宮都是情啊！所以，仔細看看你到底哪顆星是生年祿，哪顆星生年忌，把上面的看一看，一定很有收穫。生年祿和生年忌，永遠是你最大的宿命。

第三課

瞭解人生最大的福氣

生年祿在哪個宮位，這就是老天給你最大的禮物，一般來說，這個福，不求自來，不要都不行，生年祿在哪個宮位，在這個宮位，你都會比較順利甚至成為令人羨慕的地方哦……

生年祿在命宮

1、有福，聰明愉悅，能夠依靠自己、自強自立，一生容易衣食無憂。

2、生年祿在命的人，誰都好接觸，為什麼呢？命代表個性，有祿，通情達理，隨緣不固執，好相處，人緣佳。以後也容易得配偶和子女的喜歡，所以才會很多人幫，日子越過越好。

生年祿在兄弟

1、兄弟是我的福，手足情深。

2、兄弟宮，成就位，也是銀行存款位。個人經濟情況好，事業容易開展的順利，容易步步高升，很適合銷售，手頭可以處理大筆金錢的業務。您就是缺錢，也容易柳暗花明又一村。

3、兄弟也是體質位。精氣神足，體質不錯，兄弟也代表閨房，有祿，性生活也能好些。

生年祿在夫妻

1、異性緣超級好。夫妻代表你有緣接觸的異性，不僅僅代表老公老婆。

2、容易因為婚姻得福，另一半通情達理。但是，由於第一條異性緣好，卻成了婚姻的伏筆啊……祿在夫妻有時候好事變壞事啊……不過一般夫妻宮有祿，你出軌了，你的另一半原諒你的機率比較高，誰讓他好說話呢？

3、夫妻也是福分財，容易上輩子做好事，這輩子帶來的財多一些。如果是廉貞貪狼破軍這種偏財星化祿，容易有彩券的緣分。彩券能不能得，絕對是累世的福啊！

生年祿在子女

1、孩子好，不容易學壞，老了有人照顧你。

2、子女宮還代表晚輩，不一定是你孩子哦，晚輩福氣好，比如你要是老師，你容易桃李滿天下，另外，你要是主管，下屬也幫助你。

3、子女還是合作合夥的宮位，容易和別人一起做一件事情，合作愉快。

4、子女也是性的宮位，容易性福，也代表女人的子宮。子女也是情人的宮位，遇到大桃花星貪狼或者廉貞化祿，大老婆二老婆，大老公二老公的，多得你哄不過來。

生年祿在財帛

1、和財有緣，財路好，平日掙錢順利，尤其手裡現金不缺。
2、也可能是別人送你的錢啊，別人供養你。
3、容易做分紅工作，比如銷售之類的，那紅利股股而來的。
4、婚姻對待好。和錢有緣，所以，婚姻也容易幸福，不為幾塊錢倆口子打架啦！

生年祿在疾厄

1、疾厄是身體，容易懶，發胖，喜歡逍遙自在，少受病痛折磨。
2、疾厄也是家運位，家裡條件容易好，所以你才有機會懶。爸爸比較能幹。

3、如果是桃花星廉貞或貪狼化祿，你還能多豔遇，有些人也是被豔遇害慘了……

4、疾厄也是情緒，有祿，也是不固執，好接觸。

5、疾厄也是事業的田宅，有祿，代表工作場所大，生財的地方好。

生年祿在遷移

1、遷移是果報的宮位，代表你果報裡有福，有不期而遇的好事，偏財星廉貞貪狼破軍化祿，也容易有彩券的緣分。一些大根器的人，也是遷移宮漂亮。

2、遷移是外面，也是廣大社會，你走出去，很多人歡迎你，給你鼓掌。容易外面人緣好，機遇好。眾人讓你水漲船高。遷移漂亮，社會地位容易高，到處都能混名堂。

3、遷移也是形於外的宮位，別人看得到得地方。你個人是明亮的，圓融的，幽默的，討人喜歡的。容易和貴人攀緣，容易做分紅的工作。

生年祿在交友

1、有同輩福，他們能幫你。交友宮：朋友、同事、客戶，有緣接觸到的同輩。

2、你肯定也有待人愉悅、善於交往的一面。

3、如果是桃花星廉貞貪狼化祿，你桃花機會就很多了。朋友一起喝茶聊天，妳就桃花來了。

4、有利於考試競爭，各行各業離不開人際競爭。如果交友有祿，那擁護你、幫你出頭的人就更多了。

生年祿在官祿

1、即使你不太用心，事業也能很順利，機會多，工作如意。

2、比別人運氣好，官祿是氣數位，一生的運氣位。

3、讀書學習位，小時候讀書不錯。

4、要是桃花星貪狼廉貞化祿，事業是夫妻的遷移，也代表婚外情機會多啊！

生年祿在田宅

1、享受家庭福，天倫之樂，家人容易平順長壽，門風也好。

2、容易家庭物質條件不錯，讓你衣食無憂，得到不動產的機率也大。

3、如果是偏財星廉貞貪狼破軍，更是容易富有，太陰祿在田宅，會有不動產繼承，田宅是人生最大的財庫。

生年祿在福德

1、樂天，知足，少計較，不強求，容易心情安逸的享受人生。

2、福德是果報，福報好，容易心想事成，不求自得，偏財旺（廉貞貪狼破軍化祿）。

3、興趣廣，愛好多，適合從事自己喜歡的，或者和愉悅心靈有關的工作。

4、也是才華位，貪狼、廉貞在福德化祿，才華橫溢。天機、天梁祿容易有佛道緣。

生年祿在父母

1、父母是福，父母愛你、疼你、供養你，也代表長輩，有長輩幫你，主管幫你。

2、父母也是形於外的宮位，別人都看得到的，也代表名氣。所以你容易有涵養，形象不錯，討喜，會說話。

3、父母是政府，容易有公職的機會；父母是交友的財帛，也是銀行。你容易和人、金錢往來順利，少貸款壓力，少文書麻煩。

4、父母也是學習的宮位，容易學習不錯或者有獨門學習技能。

生年祿一定要配合星曜來看的。懂得配合前面一章的星性來看，你就更開竅了！這樣的寶寶，老師比較喜歡！

我們這裡，要給一個概念：

生年祿在命、事業、財帛→人生輕鬆好混，多靠自己，掙錢工作也容易

命三方是一個人在紅塵中混日子的樣子，有祿代表順利，不一定富有。

生年祿在田宅、兄弟、疾厄↓容易財富比較多，事業容易有成就。田宅三方主人一生的收藏，富有。有些人不工作也有錢花，就是田宅三方漂亮。

生年祿在父母、子女、交友↓容易人氣比較旺，獲得人際的助力很大。交友三方意味貴人多，租房都容易遇到好房東，升職都有人幫你說話，組個人團體也能出名。

生年祿在遷移、福德、夫妻↓果報好，遇難成祥，中彩券都可能。果報三方這個牛（厲害）了，這是前世積了德，今生好享受。社會寬容你，也容易有好的姻緣（姻緣也是果報）。說來你可能不信，人世間大財富往往是果報的力量，是人的能力所不及的。

解盤手法大放送A

光瞭解生年祿在哪裡，還不夠，因為這是老天給你的福，但是這個福，是可以透過轉忌，帶到下一個宮位的，讓下一個宮位也變得特別好，這就是大名鼎鼎的飛星手法！這樣就知道老天這個福給你後，容易發揮在哪裡了。這個，你要不要知道？

來舉個例子，看看怎麼轉。

生年貪狼祿在父母，父母宮的宮干是「甲」，根據四化規則，甲太陽化忌，太陽在命宮，所以，父母宮轉甲太陽忌，把貪狼祿的力量帶入了命宮，讓命宮變得更好。好多人不理解，說這不是忌嗎？怎麼還是祿呢？忌是一個媒介，其實是把生年祿的力量執著地帶到下一個宮位了。我們解釋為：

標準寫法

父母宮坐戊貪狼生年祿，轉甲太陽忌入命宮。

解釋

1、父母坐生年祿。

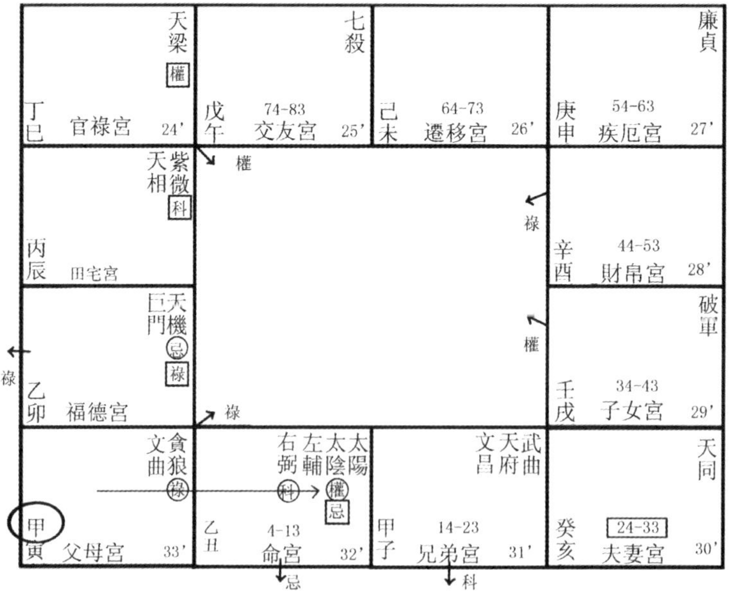

2、命宮視同有生年祿。
3、父母祿入命。

那怎麼理解呢？父母代表什麼？命代表什麼？你搭配一下來解釋吧！
1、父母代表父母，命代表我，父母愛我。
2、父母代表學習，我有學習愉快的時候。
3、父母代表上司、國企，我容易和國企有緣，遇到好上司。
4、父母代表涵養，我比較有涵養，接人待物得體。
5、父母代表交友的財帛，我做某個行業，就會贏得很多客戶光顧。

其實四化的解釋，就是根據宮位的意義，搭配起來解釋的，這種搭配其實很自由的。在這4種裡，你可能佔了1種，也可能2種，也可能4種。所以，你要搞清宮位代表的含義，這個也很簡單，不用背，書後面都附上了，翻過去看看吧！就像搭配做菜一樣，自己搭配著來，人間才有百態！命理是活的，不是死的，如果你能發明更新的命理解釋，你才友真本事！

為了大家能更懶，我這裡也把12宮的搭配最常用的解釋列出來，大家自己對照著看吧！其實每個宮位都有好多種解釋，所以搭配起來的解釋很多。其餘的解釋，大家可以參考師公梁若瑜先生寫的書《飛星紫微斗數十二宮六七二象廣義的基礎論斷訣》。像字典一樣可以查的一本書。

命宮就代表我，紅塵中的我，我的個性、情緒、喜怒哀樂。

命祿入兄弟：我經濟收入不錯，工作容易提升，我對兄弟不錯。

命祿入夫妻：我對異性溫柔多情，很包容，也容易自作多情。

命祿入子女：我喜歡小孩，喜歡外面，容易和別人一起進行合作，性趣高。

命祿入財帛：我掙錢不積極也能掙得不錯，和錢有緣，容易做業績分紅的工作。

命祿入疾厄：我懶，喜歡逍遙，容易心情好，也不容易受病痛折磨。

命祿入遷移：我外緣明亮，喜歡與人攀緣，走出去也常受眾人喜歡。

命祿入交友：我對朋友溫和友善，包容，接人待物不走極端。

命祿入事業：我對工作不積極也能做得不錯。

命祿入田宅：我喜歡家庭的天倫之樂，也容易經濟條件好，喜歡享福。

命祿入福德：我想得開，知足常樂，懶，逍遙自在樂天，給自己精神充電。

命祿入父母：我彬彬有禮，尊敬長輩，善於討喜，愛讀書。

命自化祿：樂觀通達好相處，隨興，無原則的好人，也常信口開河，容易被騙。

兄弟宮，主要代表兄弟，現在都是獨生子女了，就主要代表我的第二經濟位——銀行存款情況（財帛的田宅），事業發展情況（事業共宗，也是夫妻閨房床位）。

兄弟祿入命：兄弟和我感情好，生來經濟條件不錯，沒有很大負擔。

兄弟祿入夫妻：兄弟對異性溫柔多情，我少婆媳妯娌問題。

兄弟祿入子女：我給小孩零用錢充裕，經濟好多支出。

兄弟祿入財帛：從存款裡拿出錢來放口袋裡花，支出方便，少理財觀念。

兄弟祿入疾厄：物質生活好，兄弟感情不錯，工作不累，身體氣足。

兄弟祿入遷移：有發財、步步高升的機會，人生好混啊！

兄弟祿入交友：經濟好支出方便，與人金錢多往來，做人潮生意。

兄弟祿入事業：兄弟事業順利，我也資金充足，循環盈利。

兄弟祿入田宅：兄弟親人感情好，我資金足，財富蒸蒸日上。

兄弟祿入福德：身體精氣神足，經濟充裕。

兄弟祿入父母：我經濟好，信用好（父母銀行位）。兄弟嘴甜討好。

兄弟宮自化祿：經濟看上去良好，少有計畫，兄弟隨興靠不住，財富容易被劫。

夫妻宮，代表配偶，也代表我有緣接觸的一切異性，包括男朋友、男客戶，福分財（福德的財帛）。

夫妻祿入命：異性緣非常好，配偶喜歡我，容易婚姻得福，異性客戶多。

夫妻祿入兄弟：配偶容易經濟條件好，配偶量大，情緣早發。

夫妻祿入子女：配偶喜歡小孩，配偶容易往外跑。

夫妻祿入財帛：彼此對待很不錯，小事不計較，有異性帶財的可能。

夫妻祿入疾厄：配偶對我體貼，讓我快樂，容易身體接觸或一夜情（桃花星）。

夫妻祿入遷移：配偶讓我臉上有光，得異性庇蔭，配偶在外表現圓融明亮。

夫妻祿入交友：異性朋友多，配偶也人緣好，要防桃花多情（桃花星）。

夫妻祿入事業：配偶異性幫助我工作，防桃花多情（桃花星）。

夫妻祿入田宅：容易結婚置產，配偶顧家蔭家庭，配偶經濟條件不錯。

夫妻祿入福德：配偶讓我心靈愉快，愉快的婚姻，也要防桃花多（桃花星）。

夫妻祿入父母：名正言順的婚姻，配偶比較討長輩歡喜。

夫妻宮自化祿：異性緣旺，卻不長久，無原則的戀愛，春花秋月意亂情迷。

子女宮代表晚輩，下屬，寵物，合作（交友的事業），外出（田宅的遷移），親戚，性，婚外情，老運。

子女祿入命：子女和我親近，有子福，適合小孩子工作，合作緣好。

子女祿入兄弟：子女收入好，子女體質好，合夥緣好，性生活好。

子女祿入夫妻：性生活好，容易因孕而婚，合作緣好，親戚促成婚姻。

子女祿入財帛：子女能掙錢，適合小孩生意，合作帶財。

子女祿入疾厄：子女和我親，小孩子黏著我，容易多桃花（桃花星）。

子女祿入遷移：晚輩讓我臉上有光，子女外緣好，合作緣旺。

子女祿入交友：容易和晚輩打成一片，子女人緣好，性生活好。

子女祿入事業：合夥合作緣旺，子女喜歡工作，適合做小孩子生意。

子女祿入田宅：子女蔭家庭，適合小孩子生意，容易多桃花（桃花星）。

子女祿入福德：子女讓我開心，喜歡小孩子單純，性生活好，合夥緣好。

子女祿入父母：子女嘴甜討喜，子女喜歡讀書，容易遇到好老師。

子女宮自化祿：對子女少用心，遇桃花星，一夜情，沒原則的濫桃花。

財帛代表紅塵中掙錢、財路、手頭的錢，夫妻相互對待關係，財帛的祿入他宮，往往代表花到哪裡，還是喜悅的開銷。

財帛祿入命：掙錢輕鬆，適合分紅的業務工作。

財帛祿入兄弟：收入好不累，進財增進之象，有錢就存銀行，適合業務工作。

財帛祿入夫妻：進財順暢，彼此對待好，不和配偶計較金錢。

財帛祿入子女：給子女零用錢充足，有合夥掙錢的緣分，花錢隨興不計畫。

財帛祿入疾厄：掙錢輕鬆，讓身體愉快，花錢隨興不計畫，適合分紅工作。

財帛祿入遷移：財路廣，財源活絡，適合得人緣的業務公關銷售工作。

財帛祿入交友：人際熱絡，給人花錢不計較，生意有人氣。

財帛祿入事業：生意好，現金週轉快，有循環投資之象，變現快的現金生意。

財帛祿入田宅：進財順暢，有錢喜歡存起來買房，可經營房地產或者休閒旅館。

財帛祿入福德：樂觀有財，把錢也花到自己心靈喜好。

財帛祿入父母：多與人金錢往來，供養父母，信譽好，容易是銀行工作。

財帛自化祿：來財容易，少理財計畫，他宮飛忌容易被劫。適合日日見財的生意。

疾厄，不僅代表身體，也代表家運，疾是身體，厄是災厄。也是重要的情緒位之一。也是工作的場所（事業的田宅）。

疾厄祿入命：懶，隨遇而安，好心情，不勤奮，與媳婦好相處。

疾厄祿入兄弟：身體精氣神好，工作順利不忙祿，身體親近兄弟。

疾厄祿入夫妻：容易發胖，懶，身體親近配偶，肢體傳情，家運好。

疾厄祿入子女：身體親近子女、晚輩，情慾多（桃花星）。

疾厄祿入財帛：掙錢輕鬆，享現成，怕累，掙風花雪月的軟錢（桃花星）。

疾厄祿入遷移：逍遙，喜歡旅行，脾氣隨和，容易發胖，工作環境好。

疾厄祿入交友：很提攜親近朋友，隨和親切，人氣生意，防桃花（桃花星）。

疾厄祿入事業：工作不累輕鬆，也不太積極，工作環境大又好，易胖。

疾厄祿入田宅：身體喜歡親近家人，與家人相處時間多，家運好，家安定宅祥和。

疾厄祿入福德：懶得動，身心逍遙，家運好，無久病糾纏。

疾厄祿入父母：脾氣好，舉止溫和有禮，身體親近長輩（父母）。

疾厄自化祿：安逸，懶，享受生活。漫不經心，欠積極。

遷移，代表廣大社會，能讓人一眼看得到的你的形象氣質。也代表離家在外面的狀況，也代表果報。遷移祿入哪個宮位，代表你在這方面很擅長、順利，有社會資源、果報相助。遷移還是根器位，如果是壬天梁、乙天機或者戊貪狼祿，容易有佛教和命理的根器。

遷移祿入命：福報好，際遇好，社會資源讓我開心，天賦根器。

遷移祿入兄弟：八面來財，步步高升，社會資源惠我經濟，適合業務運作。

遷移祿入夫妻：容易遇到較多情緣，對異性有辦法（桃花星），受異性青睞。

遷移祿入子女：愉快的出行，在晚輩面前形象好，飛來豔福（桃花星）。

遷移祿入財帛：財路廣，很會選擇財路，開創業務，善於攀緣使得財源廣進。

遷移祿入疾厄：愉快的出行，常有旅遊出行的機會，讓心情放鬆自在。

遷移祿入交友：善於人脈運作，廣交際，長袖善舞。有群眾魅力，演藝人員。

遷移祿入事業：工作機遇好，善攀緣，外出好賺錢，也容易開創業務進財順暢。

遷移祿入田宅：果報蔭我家宅，讓我發富，容易外出置產，外出可衣錦還鄉。

遷移祿入福德：逍遙自在，想得開，果報讓我開心，天降好事，根器好才華好。

遷移祿入父母：善於察言觀色，學習緣厚，見多識廣，所學可用，與長輩攀緣。

遷移自化祿：外緣不錯，喜歡新鮮，容易受外界影響，遇到他宮忌，被牽著走。

交友宮代表同輩、客戶，朋友，同事、五倫之眾生。交友也是配偶的身體（夫妻的疾厄），和自身的體質也有關係。也是競爭位，競爭選舉都要靠人際拱。

交友祿入命：同輩對我好，人際獲福，多得人幫助，也利於考試競爭。

交友祿入兄弟：朋友到我身邊來，因為人際容易八方來財（休閒人潮生意）。

交友祿入夫妻：異性朋友多，婚後朋友多，防桃花（桃花星），配偶容易發胖。

交友祿入子女：晚輩緣好，有晚輩忘年交，朋友來合作，配偶性能力好（桃花星）

交友祿入財帛：朋友幫我掙錢，對我不計較，多與人金錢往來，也多生意朋友。

交友祿入疾厄：朋友喜歡和我在一起，親近我身體，人潮生意，防桃花（桃花星）。

交友祿入遷移：朋友讓我臉上有光，社交圈廣，得人脈幫助。

交友祿入事業：朋友幫我事業，客人也幫我工作，多給予我方便，利於升職競爭。

交友祿入田宅：人氣旺，客源好，人際帶大財，可以從事人潮生意（休閒餐飲）。

交友祿入福德：朋友讓我開心，人緣熱鬧，氣味相投少費心機，喜歡聊天喝茶。

交友祿入父母：朋友多有涵養，有學識，人際和氣愉悅，有長輩的忘年交。

交友自化祿：看似朋友都不錯，對朋友沒原則，老好人一個，多奉承，少知己。

事業，代表我的工作，也是運氣位，也代表學習讀書位。也是婚外情的宮位（夫妻的遷移）。

事業祿入命：運氣好，工作樂觀順手，不累，容易自由職業、宜業績分紅。

事業祿入兄弟：事業多順手，不累，業績分紅，高收入。

事業祿入夫妻：適合異性為對象的工作，婚後事業順利，防婚外情（桃花星）。

事業祿入子女：適合小孩子為對象的工作，合作合夥，我的工作庇蔭子女。

事業祿入財帛：現金循環回收快，適合變現快的生意，工作也容易高薪分紅。

事業祿入疾厄：工作輕鬆不累，職場順心讓我愉快，高薪業績分紅，也可以生意。

事業祿入遷移：善於攀緣向外發展，口碑好，廣得人和，適合公關銷售的業務。

事業祿入交友：職場人氣好，廣得人際幫助，客戶多，適合批發和服務業。

事業祿入田宅：事業蔭家庭，適合和家有關的工作（房地產，旅店）。

事業祿入福德：工作讓我心靈愉悅，容易做上喜歡的工作，適合人潮休閒類工作。

事業祿入父母：容易公職，得上司滿意，步步高升，前途光明。長輩慈善生意。

事業自化祿：不適合生產行業，適合小本、回收快的生意。

田宅代表我最大的財庫，包括房地產、存款、家庭一切財產的宮位。也是享受家人天倫之樂的宮位。真正富有的人，田宅一定漂亮，而不是財帛。

田宅祿入命：家庭庇蔭我，享現成，生活優渥，得助置產，常受寵愛，不擔家計。

田宅祿入兄弟：家好庫盈，生活優渥，容易投資，可以店家合一，自家開店盈利。

田宅祿入夫妻：結婚置產，婚後經濟變好，家人相處愉快，房地產盈利（偏財星）。

田宅祿入子女：家業傳小孩，庇蔭子孫，容易不動產買賣，從事小孩子工作。

田宅祿入財帛：家好庫盈，支出方便，少有理財計畫，容易投資休閒業房地產。

田宅祿入疾厄：家讓我快樂，家庭好，家運順，生活優渥，不用承擔家計。

田宅祿入遷移：家世門風好，社會有地位，多外出，衣錦還鄉，發富（偏財星）。

田宅祿入交友：家裡朋友、客人、員工多，人氣高，可做人潮生意，物質支出方便。

田宅祿入事業：家裡幫助工作，不用負擔的工作，易從事和家有關的工作。

田宅祿入福德：家讓我心滿意足，家運好，祖上積德，家宅安寧和樂。

田宅祿入父母：家和孝順，家處市區，人氣旺，房子越弄越漂亮，從事老人行業。

田宅自化祿：家看上去不錯，裡面有點鬆散，少用心在家，對家不大管。

福德代表果報，根器，也代表我的精神層面，我的想法，人生享受位。
福德祿入命：我樂觀，想得開，逍遙自在，福報好。
福德祿入兄弟：健康，經濟好，不計較兄弟。
福德祿入夫妻：對異性外柔多情，格外包容溺愛，防桃花（桃花星）。
福德祿入子女：格外寵小孩，喜歡小孩的天真，喜歡寵物，仁慈善良。
福德祿入財帛：福厚來財，以興趣才華賺錢，八方來財，衣食無憂。
福德祿入疾厄：樂觀逍遙自在，心寬體胖，懶散，怕流汗，防心無大志。
福德祿入遷移：樂觀隨遇而安，好脾氣，喜歡外面新鮮事物。
福德祿入交友：喜歡和朋友在一起熱鬧，有樂同享，樂觀，以興趣會友。
福德祿入事業：喜歡工作，容易做自己喜好、才華的工作，不積極也能做好。
福德祿入田宅：祖德流芳，庇蔭子孫，家庭生活優渥，也是懶，逍遙。
福德祿入父母：親近長輩，和言悅色，有禮貌，愛讀書，長輩有祖蔭庇護。
福德自化祿：想法天真爛漫，逍遙，沒有人生計畫，被忌劫，容易被人騙。

父母宮，代表父母、長輩、上司，代表政府、公職，也代表學識涵養，你的外在氣質，還代表交友金錢往來，引申為銀行及貸款，也是文書宮位，還代表結婚之後的家，婚姻的名分（夫妻的田宅）。

父母祿入命：父母疼愛我，我有忘年交，學習好、考試好，見多識廣，利公職。

父母祿入兄弟：父母幫我經濟，父母生活安定祥和，與銀行多往來，信用好。

父母祿入夫妻：名正言順的婚姻，長輩促成婚姻，長輩開明，婚後可與父母同住。

父母祿入子女：父母疼孩子，祖孫疼，用好的知識教育子女，孩子遇到好老師。

父母祿入財帛：父母幫我經濟，我信用好，多與銀行往來，借貸容易。

父母祿入疾厄：父母關心我身體，可長久同住，我修養好，自在放下。

父母祿入遷移：父母讓我臉上有光，得長輩庇蔭，形象好，善表達，利公職。

父母祿入交友：容易交到有涵養有學識的朋友，有忘年交，父母開明人際好。

父母祿入事業：父母、政府、上司照顧我工作，高學歷帶來好工作，利考試。

父母祿入田宅：父母幫我置產，貸款方便，父母生活安定祥和。

父母祿入福德：父母讓我開心，我與父母關係好，讀書緣好，利公職。

父母自化祿：愉悅、喜歡討好，防偽善。對父母常說好話，少真孝養。

哎呀，真不容易，可算寫完了……累得我要睡個美容覺養養神了……

有的人發現一個問題，就是生年祿有時候轉不出去。比如遷移宮坐太陽生年祿，遷移宮的宮干是甲，甲太陽自化忌了，這個祿出不去了，自己消化掉了……是有這樣的情況，很多人命盤都有自化忌的情況。我們說四化轉來轉去是氣的流動，自化忌，代表氣中斷了。中斷容易有什麼問題呢？就是人的性情會有起落，會容易有頑固、抵抗、半途而廢、有機會也不領情，讓人有無所適從感。但自化忌多的人（命盤有5處以上自化忌自化祿），也多是大方人，覺得失去也無所謂。自化忌，有時候會把好事壞事都給咔嚓一下，中斷。遇到這種情況，您就別轉了，一會兒等著學自化忌的解釋吧！

解盤手法大放送B

難度又要再升級啦！畢竟是一本命理書，我們也不能太簡單，低估了現在的寶寶們的智商，大家都是知識人，而且一點難度沒有，那沒意思。飛星還有一種厲害的手法—生年祿轉忌後，逢祿來會（同星曜）。我們把這個手法，叫做生年祿的三宮交祿。

舉例說明：父母宮坐生年戊貪狼祿，轉甲太陽忌入命宮，逢疾厄宮庚太陽祿來會。代表，父母宮和疾厄宮非常有緣，生年祿不僅讓命宮變更好，也讓疾厄宮會變更好！記住，一定是要同星的交祿。上述如果變為，疾厄丁太陰祿入命，就不算和生年祿交祿。

怎麼解釋呢？還是搭配解釋。父母和疾厄交祿在命。

父母哪幾種解釋？疾厄哪幾種解釋？命哪幾種解釋？拼起來，只要有道理，都成立的。人生百態，現在都神馬（什麼）是浮雲了，地球變得我越來越不認識，命理其實是難跟上腳步的。所以，只要能解釋通，都是對的。

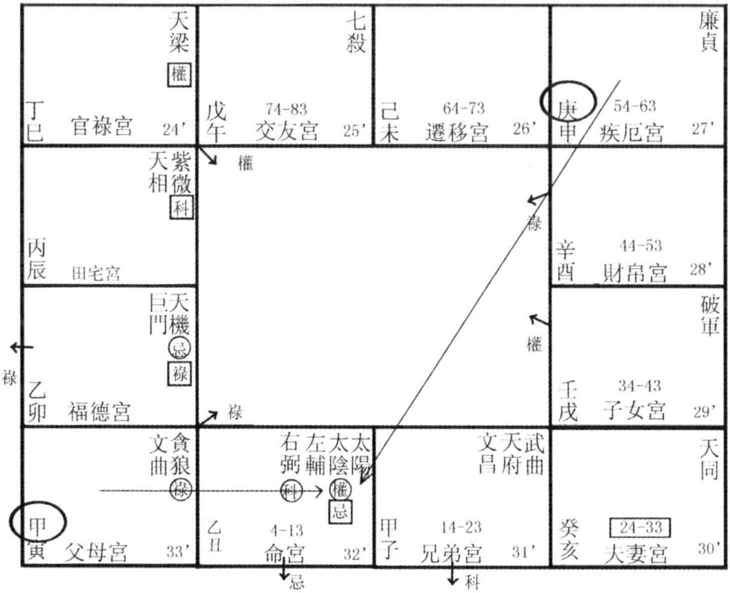

例如，父母和疾厄交祿在命：

1、我適合和父母同住，身體和父母有緣。

2、學習讓我身心愉快，長時間研究浸透，身是疾厄，心是命。

3、我很有涵養，姿態都是有涵養的。

你自己會轉了嗎？這個三宮交祿，絕對是你命理最大的福分。不要小看吧！參閱星曜，很多人都靠著這個吃飯的。

第四課　瞭解人生最大的遺憾

人生最大的遺憾，要屬生年忌，生年忌所在的宮位，尤其對宮被生年忌所沖的宮位，往往你如何奮鬥都還是有不圓滿的地方。或者說，你在這方面奮鬥，容易付出收不回。比如夫妻有生年忌，你容易在婚姻上有先天性的不圓滿，這個和你後天補救往往沒有太多關係，可能越補救越糟糕，因為你就是容易遇到那個前世你欠了他一屁股債的人。我們說，為什麼夫妻算是福德三方呢？因為婚姻絕對是一種果報，很多好的婚姻，是有夙世因緣的，可能得來全不費工夫。費工夫的那種，一般都不容易真好啊！唉，見過多少人一輩子努力傷痕累累，所以，既然有命盤，就知道因果真實不虛，就要勸大家積德行善吧！

害。

提到忌，就要想到會沖對宮，這也是命理的常識。受沖的宮位有時候會損失更厲

命宮有生年忌

1、命代表我個性，固執，多煩惱，多焦慮，嗔癲痴，凡事多考慮自己少考慮別人，早就預設立場，別人不好接觸。如果是貪狼、廉貞這種星，還容易執著於菸酒賭色。

2、因為個性不好，人生容易出現顛簸，人在紅塵就不順利，命代表你紅塵混日子，尤其遇到天機忌、文昌忌、文曲忌的人，都屬於喜歡自尋煩惱，得憂鬱症機率很高的一類人，天生會不快樂。

3、影響朋友、婚姻、子女的親密感，可能容易導致自閉孤獨無助。

4、沖遷移，外出也會因為固執不隨緣而惹事生非。

很多前來算命的人，是命有生年忌的，為什麼？苦惱，也沒人願意理他。尤其文昌、文曲、天機忌的，都是有點神經質的固執，是很嚇人的。如果巨門忌，更是可能

有猜忌多疑的問題，甚至有人會懷疑被跟蹤……很麻煩的。千萬別小看個性問題，個性是我們處世的根本，個性決定命運。

兄弟宮生年忌

1、傳統保守，守成，在乎成就，有創業的想法。

2、沖交友，對朋友不多情，內斂，不喜應酬，不大方，也容易把人分三六九等看待，有點自私。

3、重視兄弟，但兄弟幫助不多。

4、事必躬親，容易忙碌不停，難享清福。

5、兄弟宮是閨房位，容易床上一個人，孤獨，分居。

6、兄弟是身體氣數位，氣虛，精氣神差。

夫妻宮生年忌

1、疼老公、重視感情，但容易遇人不淑，遇到品素質不太好的人。

2、代表配偶固執，讓我多煩惱，婚姻需要忍耐。

3、如果有婚外情容易被抓，如果想離婚也難，需要還清婚姻債才行，沒有結婚，也有感情債，也不順利，最適合晚婚。

4、沖事業，容易工作老是換，甚至沒工作了。容易做分淡旺季的，或者一個專案一個專業，計件的工作。也見過結婚之後就沒工作的人，真是把事業沖的一乾二淨了。

子女生年忌

1、疼子女，但子女固執，讓我不得不多付出，晚輩緣不好，親戚也少或者關係差。

2、沖田宅，容易花錢，破財，搬家，老外出不能回家，子女也是意外位。

3、子女也是合夥位，合夥很費心，不易成功。

4、子女也是性的宮位，性生活差。女性需要注意子宮的問題。

5、子女還是婚外情的宮位，也要小心桃花惹禍，尤其是廉貞、貪狼這種桃花星。

財帛生年忌

1、愛財，很現實，愛算計，有金錢概念，節儉，不大方。財帛生年忌不一定窮。

2、適合固定薪水的工作，自己賺錢辛苦，沖福德，為想賺錢感到很頭痛，賺多少都不覺得夠，福氣就少了。

3、財帛也是夫妻的夫妻，婚姻對待位，所以，容易彼此對待不好，也可能是錢的問題，貧賤夫妻百事哀。

4、穿著也常邋遢。

疾厄生年忌

1、疾厄代表身體情緒，容易身體不好，多病，情緒也不好。

2、勞碌，閒不住，內斂。自我情緒很嚴重。別人不好接觸，有點自私。

3、疾厄也代表家運，家裡也容易有不好的事情。

4、疾厄是事業的田宅，工作場所小，不舒適，還可能有危險的工作。

遷移生年忌

1、耿直，說話直，憨厚，笨拙，不討好，不善於察言觀色，社會容身之地少。

2、心機不多，適合簡單生活，複雜的生活過不了，沒那麼多心眼。

3、離家在外發展常不順利，但卻容易離家遠行。

4、沒有賭運，遷移父母見忌的人，直來直去，不適合生意。也不容易當官，不喜討好。

5、遷移也代表老運，如果有好運要惜福，不要到老全賠出去。

交友生年忌

1、常遇到損友、損同事、損客戶，困難時候不能幫，好的時候來害你。交友代表同輩：朋友、同事、客戶，有緣遇到的同輩人。

2、沖兄弟，經濟位，理財不好，容易花錢破財，尤其因友破財。

3、不利於當官，競爭，考試。考試都容易多考幾次才能過。升官也馬上有人來把你拉下水。

4、交友宮和遺傳有關。要注意自己體質，也要注意配偶的健康問題。

事業生年忌

1、工作忙，壓力大，一輩子都不會少工作，失業都不容易。但最好穩定工作，不是經商的格局。

2、沖夫妻，常晚婚，或者顧不上戀愛，感情多波折。

3、事業也是婚姻的遷移，如果貪狼忌、廉貞忌，也要小心濫婚外情。

4、讀書考試成績容易不順利。

田宅生年忌

1、重視家庭，下班就回家，但有家庭債，家庭生活不順利，你想擺脫都不容易，想當和尚出家，一走了之？根本沒用。

2、保守，內斂，顧家，沖子女，也是沖交友三方之一，對朋友不多情，少人際往來，也是有點自私的一類人。

3、田宅也是最大的庫位，有忌意味庫小，經濟有壓力，凡事需要白手起家，點滴積累，沒有一下子就發達的運氣。如果田宅多忌混亂，還可能破財、借債，家人身體多病，生活不穩定。田宅是人一生最大的收藏，無論是親情還是財庫，我們要對田宅有足夠的認識。

福德生年忌

1、福德是一個人的精神層面，和命宮生年忌比較相似，但是可能更嚴重。重視自己所想，偏執，沈迷所好，不能自拔。如果廉貞貪狼忌，會有菸酒賭色的問題。

2、精神壓力大，有福也難享受。悲觀，凡事容易往壞想，常有憂鬱情緒，尤其女性，常杞人憂天。天機、文昌文曲這些星比較明顯，如果巨門太陰化忌，還可能猜忌多疑，或者輕信迷信邪門思想。

3、沖財帛，重享受敢花錢，或者為了自己喜好，一動念就辭職，把財路沖了。

4、福德也是一個果報，因果的宮位。如果有忌，你就多修佛，積德行善吧！很多福德有忌的人，確實也學習佛法，用山醫命相卜來安頓自己的心。

父母生年忌

1、孝順父母，但父親容易固執，和父親緣分不好，和長輩、主管都不太討好，沖疾厄，老得變工作（疾厄是事業的田宅），人生多起伏。
2、自己喜怒形於色，脾氣快而大，得罪人，沖疾厄，自己健康也受損。
3、讀書也不容易輕鬆，讀書方面不夠聰慧。
4、與人金錢往來不順利，絕對不可幫人作保，經商也不宜，容易被欠債倒帳。
5、遷移父母見忌的人，都存在耿直、不欺騙的特點，所以也不容易做生意。

總結一下

生年忌，也得配合星曜的性質來解讀才更標準。比如生年忌在遷移，外出不討好，惹事，如果是巨門忌，那一定是因為你這張嘴討厭才惹事。星曜的解釋前面有，附錄裡也有，請隨時翻閱。

命、財帛、事業坐生年忌↓人生紅塵打拼比較辛苦，勞累命三方，是人在紅塵中混日子的樣子，不代表富有，代表你每天工作掙錢的樣子，有忌，很辛苦，不得不工作，不得不掙錢，在命容易煩惱。沖福德三方，人生缺少享受。

田宅、兄弟、疾厄坐生年忌→保守，內斂，對人不多情，愛自己多一些。

田宅三方是人一生最大的收藏，有忌，得白手起家，有經濟壓力，一般不容易是富二代官二代，保守，在乎成就，沖交友三方，不喜社交，為人有點自私的。

父母、子女、交友坐生年忌→容易對人講情義，但是被拖累。

交友三方有忌在乎人情，為別人多付出，但忌代表不順，好事被人拖累一下，也變壞事了。上輩子欠人許多吧！還會沖田宅三方，重感情常留不住錢。

福德、夫妻、遷移坐生年忌→有福也難享受，沒有賭運，果報裡讓你不順利。

福德三方是果報讓人的際遇如何，一般講，容易生活好也難享福，婚姻不順利，容易自找麻煩把生活弄亂，最好修佛積德。

我們有時候，對自己這個忌的結果感受很深，比如我們怎麼老當不了官呢？為什麼我們老掙錢難呢？為什麼老婚姻不順呢？但是，我們對原因瞭解很少。一般情況，我們都會怪外界不公正、不公平、命不好……其實，萬事都有原因，不幸的家庭有各自的不幸，你得找出你的原因是什麼，包括個性也是讓你失敗的原因。比如老是換工作，

是父母有忌，脾氣大？和主管拍桌子？

還是福德有忌，幻想得太多老辭職？精神壓力大？

還是交友有忌，老被人際拖累？

還是疾厄有忌，身體支撐不了工作，或者工作場合危險？

還是夫妻有忌，先天就註定沖事業？

如果是因果的問題，請你寬容，放下，認真積德行善，如果是個性原因，你就得調整個性了。比如上述有些就是可以自己後天調整的。知命是改命的前提，我們說，因果不虛，不是努力就能完全改變命運的，但是可以調整得更好一些，損失小一些，讓自己順一些。

解盤手法大放送A

生年祿可以轉忌，把福氣帶入下一個宮位。同理，生年忌也可以轉忌，看看你這個最大的忌，到底影響到哪一個方向，這樣會更清晰。

來舉個例子，看看怎麼轉。

生年天機忌在福德，福德宮的宮干是「乙」，根據四化規則，乙太陰化忌，太陰在命宮，所以，福德宮轉乙太陰忌，把天機忌的力量帶入了命宮，讓命宮也得到紮實一忌。

我們解釋為：

標準寫法

福德宮坐生年戊天機忌，轉乙太陰忌入命宮

解釋

1、福德坐生年忌。

2、福德忌入命。

3、命宮視同有生年忌。

那怎麼理解呢？福德代表什麼？命代表什麼？你搭配一下來解釋吧：

1、天機忌，精神壓力大，杞人憂天，讓人生抑鬱。

2、因為自己偏執，執著於自己所想，鑽牛角尖，讓人生不順利，如果是貪狼廉貞的星，還容易有癮。

3、福德有忌，命有忌，都是固執，嗔癲痴，不容易接觸，不容易有朋友。

4、生年忌先沖財帛，斷財路，亂花錢，轉忌入命，沖遷移，不喜歡外界交往。情緒一定很悲觀憂鬱的，所以，遇到這種類型，就得讓他多修佛，放下執著，才能清靜。

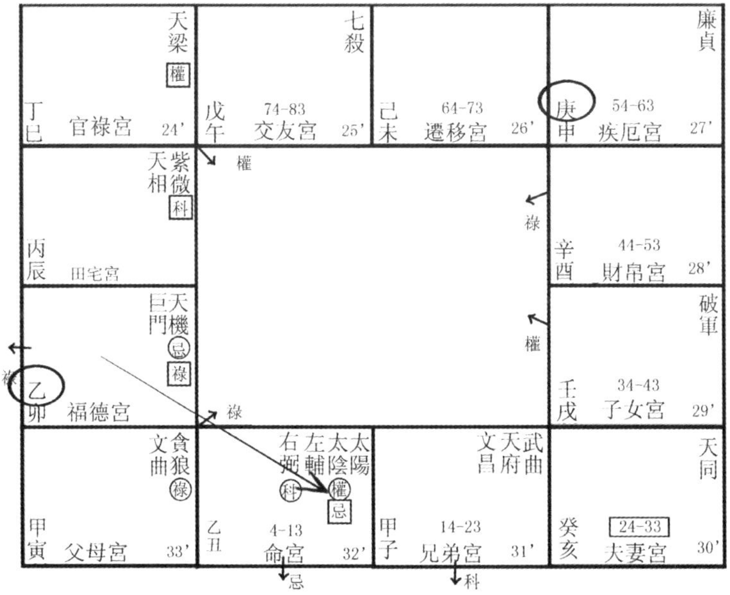

這些都是讓人生不順遂的原因。

在這裡，我也把十二宮忌轉忌的最常用解釋列出，供大家對照著看，可以立即找出答案啦，多簡單啊！

命宮就代表我，紅塵中的我，我的個性、情緒。

命忌入兄弟：在乎兄弟，想創業，重視成就，沖交友，把人分三六九等對待。

命忌入夫妻：在乎感情，把異性視為第一位，沖事業，動感情，工作就不穩。

命忌入子女：疼孩子，常離家在外，開創性，沖田宅，破財搬家，桃花星是性。

命忌入財帛：愛財，認真賺錢，計較錢，沖福德，為賺錢而享受少。

命忌入疾厄：容易生病，忙碌，容易自我情緒多，不好接觸，有私心。

命忌入遷移：耿直，簡單，不太有心機，喜歡外出。

命忌入交友：惜情重義，把朋友擺第一，沖兄弟，講情義就花錢，不存錢之忌。

命忌入事業：認真工作，事必躬親，沖夫妻，顧不了配偶，先立業再結婚的想法。

命忌入田宅：顧家，保守，有私心，對朋友不多情。

命忌入福德：重享受，固執，貪狼廉貞還會有菸酒賭色的癮，沖財帛，亂花錢。

命忌入父母：孝順，喜怒形於色，脾氣大，沖疾厄，脾氣傷身，也容易換工作。

命自化忌：不堅持，半途而廢，不記恨，過了就算了，情緒反覆多變。

兄弟宮，主要代表兄弟，現在都是獨生子女了，就主要代表我的第二經濟位——銀行存款情況（財帛的田宅），事業發展情況（事業共宗六位），也是夫妻閨房床位。

兄弟忌入命：有經濟壓力，為兄弟所累，生活宜保守，開源節流。

兄弟忌入夫妻：婚後宜單獨居住，夫妻少趣。投資少利宜穩定，健康下滑。

兄弟忌入子女：退財，財不入庫，不善理財，人生多波折。兄弟各立門戶。

兄弟忌入財帛：退財，支出多，或投資破財，最好有固定來源，健康下滑。

兄弟忌入疾厄：兄弟有私心或者我為兄弟所累，我工作忙碌不得閒。

兄弟忌入遷移：支出過大，損失比較多，最宜有穩定來源，不要從事生產行業。

兄弟忌入交友：退財，借錢給人難收回，不善理財，人生多波折。健康下滑。

兄弟忌入事業：兄弟認真工作，適合安定上班，小本生意，宜保守安定。

兄弟忌入田宅：兄弟顧家自私，對我助力不大。儲蓄而積累，辛苦起家。

兄弟忌入福德：難蓄財，經濟堪憂，健康下滑，兄弟中有重享受之人。

兄弟忌入父母：退財，有貸款壓力，借錢給人難收回，兄弟孝順父母。

兄弟自化忌：不善存錢理財，財庫漏掉、流失。健康下滑，兄弟助力不大。

夫妻宮，代表配偶，也代表我有緣接觸的一切異性，包括男朋友、男客戶，福分財（福德的財帛）。

夫妻忌入命：遇到異性固執，不好講通，讓我不得不多付出，欠感情債。

夫妻忌入兄弟：配偶在乎成就，閨房少趣，婚姻倦怠。

夫妻忌入子女：配偶疼孩子，配偶不願回家，婚姻容易出現婚外情（桃花星）。

夫妻忌入財帛：貧賤夫妻百事哀，彼此對待不好，易為錢或者瑣碎小事爭吵。

夫妻忌入疾厄：配偶勤快，黏著我，也是不讓我愉快，忌入疾厄代表有苦味。

夫妻忌入遷移：配偶耿直，平淡無趣，自己也不善表達感情，貌合神離。

夫妻忌入交友：配偶惜情重義，家庭無趣，配偶干涉我交友。

夫妻忌入事業：配偶重視工作，生活無趣。桃花星，婚姻貌合神離。

夫妻忌入田宅：配偶顧家但也容易自私，桃花星桃花敗財，別想齊人之福。

夫妻忌入福德：欠感情債，為婚姻感情而苦惱，感情帶來極大痛苦。

夫妻忌入父母：同居無名分，離婚名分消失，婚姻怨形於色。

夫妻自化忌：不善經營婚姻，貌合神離，感情有離心力。

子女宮代表晚輩，下屬，寵物，合作（交友的事業），外出（田宅的遷移），親戚，性，婚外情，老運。

子女忌入命：欠子債，小孩固執，教養費心。合夥費心。

子女忌入兄弟：性生活不好，閨房少趣。

子女忌入夫妻：先孕後婚，子女黏著配偶，防第三者插足（桃花星）。

子女忌入財帛：小孩愛掙錢，欠小孩金錢債，合夥虧錢，意外破財。

子女忌入疾厄：小孩子纏著我，性生活不好，合夥不順，防意外、病痛。

子女忌入遷移：子女不在身邊，合夥緣差，防意外。

子女忌入交友：防小孩交壞朋友，合夥不順。

子女忌入事業：小孩事業心重，合夥不順。

子女忌入田宅：格局好，小孩子顧家勤儉，格局不好，小孩子窺探財產。

子女忌入福德：為子女操心，小孩重享受，合夥虧錢，老來有憂。

子女忌入父母：子女孝順，子女喜怒形於色，格局差，子女不受教。

子女自化忌：少用心於子女，子女費心，合夥不順，濫桃花（桃花星）。

財帛代表紅塵中掙錢、財路、手頭的錢，夫妻相互對待關係。

財帛忌入命：賺錢辛苦，最好穩定，為錢傷神。貪狼廉貞，防賭色。

財帛忌入兄弟：儲蓄，存錢，積少成多，保守安定，少社交。

財帛忌入夫妻：彼此對待不好，最好分別理財，收入可能不穩定。

財帛忌入子女：財不入庫，不善理財。給子女多花費。

財帛忌入疾厄：勤快，儉樸，錢花在刀刃上不浪費，保守安定。

財帛忌入遷移：憨直少算計，不善社交賺錢，多支出，沒有理財觀念。

財帛忌入交友：財帛給朋友花掉，漏財，防因友損財。

財帛忌入事業：最好上班，或者現金生意，不要做生產行業，回收資金不行。

財帛忌入田宅：儲蓄，存錢，積少成多，保守安定，少社交。

財帛忌入父母：支出多，不善理財，防信貸問題，和人金錢往來不順。

財帛忌入福德：為自己享受亂花錢，不善理財，可能有癮（廉貞貪狼）。

財帛自化忌：手頭存不住錢，多花用，宜上班或現金生意。

疾厄，不僅代表身體，也代表家運，疾是身體，厄是災厄。也是重要的情緒位之一，也是工作的場所（事業的田宅）。

疾厄忌入命：情緒差，不得不忙祿，容易生病。

疾厄忌入兄弟：體質欠佳，情緒不開朗，社交少，需多運動。
疾厄忌入夫妻：性生活差，體質瘦弱。
疾厄忌入子女：不喜歡小孩纏我，性生活不好，不耐靜，個性不穩。
疾厄忌入財帛：玩命過勞的掙錢，或者身體差花醫藥費。
疾厄忌入遷移：性躁，遇事亂章法，瘦，防意外和病，外出不安定。
疾厄忌入交友：不喜歡久膩朋友，不熱絡，健康下滑，夫妻閨房不合。
疾厄忌入事業：工作環境差，工作超負荷，不開心，瘦。
疾厄忌入田宅：情緒不開朗，宅男宅女，容易得病，家運凝滯。
疾厄忌入福德：情緒不好，生活壓力大，久病。
疾厄忌入父母：脾氣快，心直口快，喜怒形於色。
疾厄自化忌：勞碌，情緒不穩，自我情緒比較嚴重，生病還容易摘除器官。
遷移，代表廣大社會，能讓人一眼看得到的你的形象氣質。也代表離家在外面的狀況，也代表果報。
遷移忌入命：孤獨，不善逢迎，意外的天災人禍，防小人，宜保守謹慎。
遷移忌入兄弟：社會關係差，不會逢迎，影響成就，不會理財，意外破財。

遷移忌入夫妻：不善處理異性的事情，第三者插足我婚姻，意外影響工作。
遷移忌入子女：不善應付小孩子和人際，外出徒勞而無功，理財越理越亂。
遷移忌入財帛：不善理財，財路窄，防意外損財，防小人。
遷移忌入疾厄：意外傷害身體，奔波勞碌危險，意外小人糾纏，業力病。
遷移忌入交友：不會處理人際問題，喜清靜，不喜歡交往，單純。
遷移忌入事業：不善逢迎，工作面窄，防小人，意外傷害工作。
遷移忌入田宅：家道不興，門庭冷落，離鄉背井，意外損財，被盜竊。
遷移忌入父母：不善處理長輩人際，孤陋寡聞，不善社會學習，不善察言觀色。
遷移忌入福德：外在對精神情緒影響大，意外災病。
遷移自化忌：不喜逢迎，不在意外面對自己看法，缺少社會智慧。
交友宮代表同輩、客戶、朋友，同事、五倫之眾生。交友也是配偶的身體（夫妻的疾厄），和自身的體質也有關係。也是競爭位，競爭選舉都要靠人際拱。
交友忌入命：欠朋友債，遇小人，為人際多付出。不利於競爭。
交友忌入兄弟：損友窺視我財務，防引狼入室，被經濟差的朋友拖垮。
交友忌入夫妻：夫妻生活無味，配偶身體又微恙，第三者插足我婚姻。

交友忌入子女：性方面被佔便宜（桃花星），防小孩學壞，合夥不順。

交友忌入財帛：防愛財的朋友，被人家盯上，或者窮困的朋友。

交友忌入疾厄：怕孤獨亂交朋友，狐朋狗友，小人糾纏，樹倒猢猻散。

交友忌入遷移：交際少，朋友不多，好朋友在遠方，近身多是要累心的人際。

交友忌入事業：工作上容易遇小人，合夥尤其要防止舞弊。不利於競爭。

交友忌入田宅：損友鯨吞我錢財，是非，被人偷竊盯梢。

交友忌入福德：孤僻，只能交同嗜好的朋友，朋友重享受，最終還是孤獨。

交友忌入父母：格局好，朋友愛讀書孝順，格局不好，朋友叛逆素質低。

交友自化忌：交友不長久，不喜歡逢迎，終究也沒知己。

事業，代表我的工作，也是運氣位，也代表學習讀書位。也是婚外情的宮位（夫妻的遷移）。

事業忌入命：有工作債，為工作忙死，不得不做。

事業忌入兄弟：守成穩定常公職，忙碌事必躬親，沖交友，社交不多。

事業忌入夫妻：工作不穩定，創業需和配偶共同努力，防自身桃花破壞婚姻。

事業忌入子女：合夥費心，工作不穩定。

事業忌入財帛：宜穩定上班，只適合現金生意，不適合生產行業，資金難週轉。
事業忌入疾厄：工作勞碌，緊張，身體倦怠，無人可替，事必躬親，少社交。
事業忌入遷移：不善攀緣，應酬，際遇差，工作停頓，宜穩定。
事業忌入交友：最好獨立工作，否則被損友拖垮，不宜合夥。
事業忌入田宅：守成穩定常公職，或者和家人一起做，社交不多。
事業忌入福德：工作心煩，最好做自己有興趣的，事業不掙錢，宜穩定。
事業忌入父母：不善和主管相處，不利公職，容易工作不穩定。
事業自化忌：宜穩定上班，只適合現金生意，對工作不堅持。

田宅代表我最大的財庫，包括房地產、存款、家庭一切財產的宮位。也是享受家人天倫之樂的宮位。

田宅忌入命：有家庭或經濟負擔，需要為家多付出，容易擔負長子責任。
田宅忌入兄弟：退財，投資容易負債，兄弟承擔家計，宜店家分開。
田宅忌入夫妻：配偶承擔家計，婚後小家庭單獨住，夫妻相處宜少，少投機。
田宅忌入子女：大筆花錢，退財，家庭離心力，孩子需承擔家計。
田宅忌入財帛：退財，耗材，不存錢，容易負債，防貸款壓力，宜保守。

田宅忌入疾厄：有家庭債，需承擔家計，家庭紛擾，在家待不住。
田宅忌入遷移：搬家退財，家道不興，房子舊或偏遠，背井離鄉。
田宅忌入交友：退財破財，家偏遠，家庭人氣不旺。
田宅忌入事業：有家庭負擔要不停工作，宜店家分開，小本經營。
田宅忌入福德：家讓我煩，家宅不寧，家道不興。
田宅忌入父母：搬家退財，家偏遠，拖貸款，不能幫人作保，門風差。
田宅自化忌：耗材，退產，家庭凝聚力差，不顧家，多搬家。
福德代表果報，根器，也代表我的精神層面，我的想法，人生享受位。
福德忌入命：杞人憂天，多煩惱。遇貪狼廉貞，還有癮，導致人生波折。
福德忌入兄弟：自私，執著於成就，為人計較不多情，健康有礙。
福德忌入夫妻：偏執的愛，愛恨激烈，執迷感情，桃花臨身毀掉婚姻。
福德忌入子女：操心子女，對子女挑剔、溺愛，不聽話又會嚴厲管教。
福德忌入財帛：愛財，精打細算，為錢傷神，傷福氣，偏執狹隘。
福德忌入疾厄：有潔癖（太陰）或者偏執，焦慮，自殘、情緒差。
福德忌入遷移：偏執暴躁，脾氣大，不惜福，防災病，修行者（遇宗教星）。

福德忌入交友：怕孤獨而非理性人際交往。逢宗教性，容易佈施眾人。
福德忌入事業：偏執狹隘，挑剔工作，最好以興趣為業，有技能最好。
福德忌入田宅：自私狹隘，顧家，對親戚朋友不多情，最宜修身養性。
福德忌入父母：偏激暴躁，脾氣大，出言不遜向外發洩，修養差。
福德自化忌：常有莫名煩惱，耐性不足，好惡善變。

父母宮，代表父母、長輩、上司，代表政府、公職，也代表學識涵養，你的外在氣質，還代表和交友金錢往來，引申為銀行及貸款，也是文書宮位，還代表結婚之後的家，婚姻的名分（夫妻的田宅）。

父母忌入命：父母疼我，很容易有代溝。易與人借貸不清。讀書多辛苦。
父母忌入兄弟：父母守成，父母關心兄弟，有銀行貸款，不要幫人作保。
父母忌入夫妻：長輩煩惱反對我婚姻，違反道德的婚姻，父母道德位。
父母忌入子女：父母疼孩子，我對小孩子教育不得要領。
父母忌入財帛：父母勤儉，父母擔心我金錢，小心貸款作保與人金錢往來不順。
父母忌入疾厄：父母忙碌，父母管我過多，我不愛念書，修養差。
父母忌入遷移：父母不能庇蔭我或者遠離我，表達差，出口成髒，不利於念書。

父母忌入交友：父母重義，我考試競爭不利，長輩干涉我人際，忠言諫友。
父母忌入事業：父母重工作，父母擔心我工作，長輩給我工作施壓，念書辛苦。
父母忌入田宅：父母顧家，父母擔心我家庭，有銀行貸款，格局不好家門風差。
父母忌入福德：不愛念書，父母有憂，不宜與人有金錢往來。
父母自化忌：不喜歡念書，不虛心，少形象氣質，不關心長輩，需盡孝養之責。

生年忌所在的宮位，常會困擾你一輩子，可能你付出再多努力也不能使其圓滿。轉忌的地方，是生年忌把困苦帶到哪個方向，也會賦予不同的意思。還有受到生年忌沖的宮位，或者轉忌之後被沖的宮位，有時候被沖，更是無緣。總之，這塊是你人生很薄弱的地方了，如果你做不好，常不思自己不努力，是因果業力所致吧！每個人都有這樣的一塊傷心地！沒有人生是完美的！所以，要積德行善，常做善事的人，會博愛，心中有別人，就能把自己的痛苦放下。也就能調整業力，或者讓業力不再那麼糾纏自己。

休息一下，我去睡個美容覺啦！

第五課

眨眨眼學完生年權和生年科

我們飛星，重點分析祿和忌，其實，忌是重中之重。有祿權科學一年，一忌學三年的說法。祿可以讓你發現命理的好處，忌才是讓你發現不順的根本。對於權和科，我在這裡都是簡單說說，小孩們知道一點就行了，把精力多放在研究祿和忌上，以及它們相互的衝突上，一定有很大收穫的。

權：代表能力、強勢、企圖、積極、目標。

科：代表條理、文采、貴人、文質彬彬、名聲、緩和延長、猶豫。

生年權在命↓有能力，自信，主見，自以為是，容易當主管。

生年權在兄弟↓兄弟能幹，媽媽能力強，我事業金錢有成，精氣神強。

生年權在夫妻↓配偶有主見，防爭執。權照事業。

生年權在子女↓孩子有主見，不好管。合夥有成，容易控制局面。

生年權在財帛↓掙錢積極強勢，業務開拓能力強，收入好，適合分紅薪水。

生年權在疾厄↓身體結實、硬朗，有活力多動，防跌撞。

生年權在遷移↓果斷，積極，領導，有社會地位，防自負，防外面爭執惹事。

生年權在交友↓人際多遇有本事之人，客戶強大，棋逢對手遇到強勢競爭者。

生年權在事業↓積極，拓展事業，能力好，收入高，最好有專業。

生年權在田宅↓家世好，家旺，有活力，自己也容易財庫大，不動產值錢。

生年權在福德↓自以為是，高傲，喜歡高品質、高格調，愛面子。

生年權在父母↓父母有能力，本人強勢，得理不饒人，容易有專業技能。

生年科在命↓斯文，秀氣，講理，溫和，有才華。

生年科在兄弟↓兄弟文氣好商量，兄弟容易是貴人，理財有計畫，經濟平穩。

生年科在夫妻↓配偶文氣好商量，配偶容易是貴人，容易有藕斷絲連的感情。

生年科在子女↓孩子溫和懂事、乖巧，孩子以後容易幫助你。

生年科在財帛↓適合上班，收入不高，但源源不斷，小額週轉。

生年科在疾厄↓舉止斯文，有病得良醫。

生年科在遷移↓文質彬彬，形象好，有名聲，外出多貴人。

生年科在交友↓朋友多謙和，君子之交，人際多貴人。

生年科在事業↓工作平穩適合文職，有貴人，多思慮。

生年科在田宅↓房子不大，樸實，家有書香，生活恬淡。

生年科在福德↓恬淡，平和，不虛華，思維精緻，有內涵品味。

生年科在父母↓父母謙和，個人斯文有氣質，容易有學業、有名氣。

第六課
命祿，我喜歡，I love it

祿，是溫和，喜悅，像春天，萬物生發，欣欣向榮。命祿，是從命宮發出的祿，是根據命宮宮干四化而形成的，所以代表了個性。個性也是一種因果，似乎我們都註定有這樣的個性，但是和生年四化不同的是，個性可以後天調整。比如生年祿在交友，代表我有朋友福，到處遇到對我好的人，這個福不要都不行，老天都硬塞給你。命祿入交友，代表，我對朋友好，溫和體貼隨緣不強求，所以我人緣都不錯。命祿是一種我先主動發出溫和友好信號的感覺，一般也容易獲得良好互動的結果，祿就是福。慢慢體會吧！

命自化祿：樂觀通達好相處，表面上的老好人，也常情緒多變，失諾言。
命祿入兄弟：我經濟收入不錯，工作容易提升，我對兄弟不錯。
命祿入夫妻：我對異性溫柔多情，很包容，也容易自作多情。
命祿入子女：我喜歡小孩，喜歡外面，容易和別人一起進行合作，性趣高。
命祿入財帛：我掙錢不積極也能掙得不錯，和錢有緣，不苛求，源源不斷。
命祿入疾厄：我懶，喜歡逍遙，容易心情好，也不容易受病痛折磨。
命祿入遷移：我外緣明亮，喜歡與人攀緣，走出去也常受眾人喜歡。
命祿入交友：我對朋友溫和友善、包容，接人待物不走極端。
命祿入事業：我對工作不積極也能做得不錯，不強求，工作心想事成。
命祿入田宅：我喜歡家庭的天倫之樂，也容易經濟條件好，懶，喜歡享福。
命祿入福德：我想得開，知足常樂，懶，逍遙自在樂天，給自己精神充電。
命祿入父母：我彬彬有禮，尊敬長輩，善於討喜，愛讀書。

任何飛化，都需要配合星曜來看哦，別忘記！

解盤手法大放送A

命祿也可以做一次轉忌，讓祿的效果延伸到下一個宮位。也就是把命祿的好處延伸了下一個宮位。可能是並列關係，也可能是因果關係。

比如，這個盤，命甲廉貞祿入財帛，轉庚天同忌入兄弟。

解釋有3

1、命祿入財帛。

2、財帛祿入兄弟。

3、命祿入兄弟，透過財帛。

你一定要喊了，財帛不是忌入兄弟

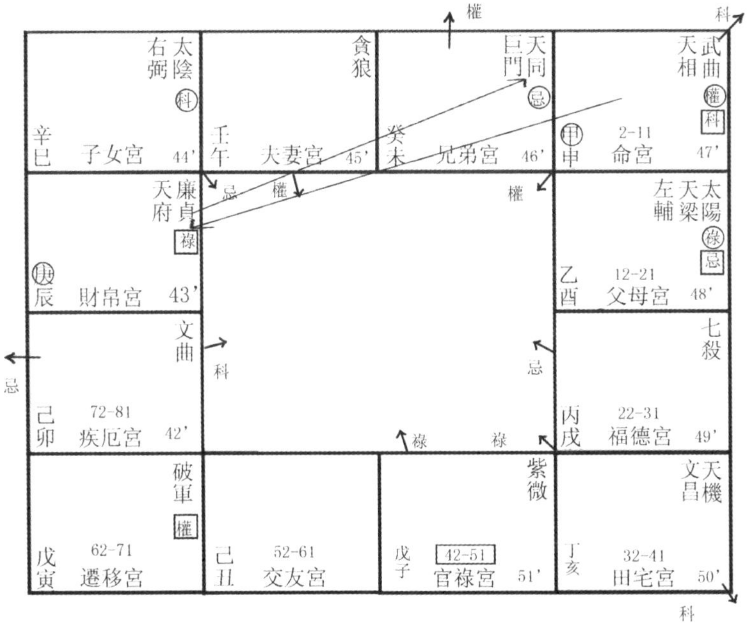

嗎？這個你就要記住啦，財帛會把命祿的力量帶到兄弟宮，所以，也叫財帛祿入兄弟。意思是，我掙錢容易，和錢（財帛）有緣，廉貞，還是偏財星，掙得快。掙錢就存錢，把銀行存款（兄弟宮，經濟位）都管理的的很好。

比如命祿入交友，轉忌入子女，代表我喜歡交朋友，對朋友好，也對晚輩很親近。很多老師的命盤有這種特性。這就是一種並排關係。

每個人命盤都有命祿轉忌，你自己快找找自己的命祿入哪個宮位，轉忌到哪個宮位吧！

如果你發現命祿入某宮，又轉忌回了命宮，是什麼意思呢？是透過對這個宮的喜歡而讓自己得到快樂。比如命祿入夫妻，轉忌入命。意思是，我對異性溫柔多情，我也感到付出很幸福。比如命乙天機祿入福德，轉乙太陰忌入命，天機是宗教的星，意思是學習佛道文化，讓自己收穫而變得快樂。但不能忽視的，是那個宮位會忌回命，雖然帶著命祿，但也有忌的黏著，那個宮位老黏著你，讓你無法擺脫之意，所以要總主動付出的循環。現實中，這種循環也會帶來糾結和痛苦，意味著不斷付出。

第七課

命忌，乃人生之最最痴情忌

紫微斗數的圈子裡，只要稍懂四化，大概都知道命忌有痴情忌之說，命忌入哪個宮位，一輩子你就痴情在哪裡了，付出不以為苦，別人看著你覺得都挺苦也挺酷了，你自己還願意付出再付出，自得其樂，當然這主要針對命忌入六親宮位來說。問題是，因為你在乎和你糾結，那個宮位就容易被毀掉了。就像整容，一次還行，整十次，你那臉就完了。

也有【樂天知命忌】的說法，我想，大概就是，知道自己命忌在哪裡，就更瞭解自己，也會對人生更寬容吧！

我曾經在婚姻機構做過一段時間的斗數諮詢，到那裡來的很多女人，其實很多都是命忌入夫妻的。有一天，我竟然發現3個諮詢的人都是這種類型的……她們一般也是工作辛苦事業有成，知識白領的，素質也不錯，一般感情長期不順，但還是執著的來尋找伴侶。為找對象付費也很大方，有的省吃儉用，有的甚至傾其所有在所不惜，真是不以為苦啊！

命忌入夫妻，沖事業：我在乎感情，在乎配偶。沖事業，可以不上班不掙錢，天天在家陪著他、看著他。但是命忌，卻容易引起雙方爭執，逃不脫瑣碎的打架口角，是一種在乎的爭執。所以，命忌入夫妻的人，會常體會到感情的酸澀。

說到這個節骨眼上，真的一點都不誇張。花痴，是絕對的。有的花痴為了錢，那是假花痴，命忌入夫妻的，真是要感情的，當下我只要你一個……牡丹花下死，做鬼也風流！

再列出命忌入其他宮位，快對號入座吧！

命忌入父母，沖疾厄，孝順父母，為人耿直，喜怒形於色的，命忌入交友三方，都屬於重情義，沒什麼城府的，父母形於外的宮位見忌，屬於笨拙外露，所以，沖疾厄，鬧脾氣就老得換工作，還影響健康。發脾氣是最不好的了……

命忌入福德，沖財帛：重享受，就花錢啦！為了自己喜好，花錢小case——卡奴容易是這種類型。命忌入福德再轉忌入田宅三方的人，有時候能把家給花敗了……可不是鬧著玩的。

命忌入田宅，沖子女：顧家，在乎物質利益。忌入田宅三方，都屬於有城府的，有心眼的。沖子女，因為在乎財富，可能就和人不熱絡了，親戚來借錢也是不會借的，子女有親戚的意思。當然，有的人太在乎田宅了，反而會折騰自己的財富，最後庫也沒了，孩子也顧不了，人生大起大落，家庭遺憾實在很多。

命忌入事業，沖夫妻：對工作很認真，有先立業再成家的想法。沖夫妻，反而對異性不是很上心的，結婚也會對配偶兇。老闆選員工，這類比較稱職。

命忌入交友，沖兄弟：很惜情重義，真是把朋友當回事。沖兄弟，經濟位，在乎感情，您就多花錢吧！請客、借錢，都是家常便飯。這樣的人，您做生意就差點……掙點錢全用光了，這就是不存錢之忌。

命忌入遷移，沖命：這個聽起來怪嚇人的，都沖命了，沒那麼可怕啦。命忌入遷移的人，總想往外跑來證明自己，但事實上，他們是很簡單的一類人，沒心眼的，所以，外面表現也容易笨。遷移見忌，就有耿直的意思。這類人比較簡單，不太會巴結人，說話也直來直往不拐彎。最好簡單生活，處理複雜的事情比較困難點。

命忌入疾厄，沖父母：命忌入疾厄的人一般勤勞好動，但是，這類人很不好打交道。為什麼這麼說呢?忌入疾厄，疾厄也是情緒位，這種人很在乎自己的感覺，老活在自己世界裡，別人得照顧及他情緒，所以，很不好接觸。忌入田宅三方，也是一種自私，所以，沖交友三方，對朋友也不多情的。

命忌入財帛，沖福德：很在乎錢，不一定有多少心眼和城府，但是，很想要錢錢，所以，常加班也是可能的。沖福德，費盡心思掙錢，讓自己不快樂。如果忌入財帛，又再轉忌入田宅三方，會為了錢而騙人、拐人的，這種我都見過，那真是挺心黑的，尤其女人。

命忌入子女，沖田宅：喜歡小孩，為孩子花錢啊，沒問題。也喜歡不回家，遠行，都可能。這種也屬於比較有情義的，或者有開創的個性，不保守傳統。子女也代表性，您要是為了性慾花光錢，我也佩服您，這個也不少見的。

命忌入兄弟，沖交友：想創業，在乎成就，所以，會把自己當老大，對朋友不多情。也會把人分三六九等對待。也是有城府的命格，也是嘛，當老闆，總是吝嗇時候多。千萬別看媒體宣傳這個老闆那個老闆做慈善，你放心，他們賺的遠遠多於做慈善的。相反，大方有同情心的人往往難賺錢，不忍心賺別人錢，呵呵

命自化忌：這是一種無執的格局，對很多事情沒有執著，無所謂，算了，沒得到就無所謂失去，會常有這種想法。但是，命自化忌，代表情緒多變，半途而廢。也代表這個人不容易為自己的利益著想，機會也常常把握不住。這個不是代表他多高尚，而是他不喜歡惹事生非，害怕惹麻煩，寧可吃點虧，也別和人家發生衝突，息事寧人。所以，命自化忌的人，難以達到一個高度，就是因為個性。有時候，開創事業是需要較真和強勢的個性的。

總結一下

命忌入命三方（命 事業 財帛）→認真工作和掙錢，但是享受就少（沖福德三方）。

命忌入田宅三方（田宅 疾厄 兄弟）→比較有城府，自私，對人無情（沖交友三方）。

命忌入交友三方（父母 交友 子女）→重感情，存不住錢（沖田宅三方）。

命忌入福德三方（福德 夫妻 遷移）→重自己感覺和人生享受，也是會耽誤正事的（沖命三方）。

命忌說好聽的，是痴情，終生付出不以為苦，說不好聽的，也會自討苦吃。不要小看這個忌，你可能一生中的困擾和做的糊塗事，都是因為這個忌而引起的，如果你沒有這種執著心，你的生活可能很平靜的，有了執著心，就容易弄得身心紊亂。我見過一些貪官和夜總會小姐的盤，是命忌入財帛的，愛財，就不顧一切了，最後把人生弄得老來慘兮兮的。

有一種特殊的情況，有人會問，命坐了生年祿，再轉忌，不是把祿帶過去了嗎，還算是命忌嗎？我們說也算：有祿的福氣也有忌的執著。比如命坐生年祿，轉忌入遷移。有命祿入遷移，外緣好的特點，圓融明亮，交際廣，也有命忌入遷移耿直的特點，一般這種飛化，我們解釋為「耿直的和事佬」。有耿直的一面，也有圓融的一面。比如命坐生年祿，轉忌入夫妻，代表我的熱情一股腦就送給配偶了，命忌在夫妻，也會有在乎配偶的意思，也會因為過度的在乎引起爭執，但是畢竟祿也過去了，大概爭執的時候，你也會非常難過，不忍心再看他痛苦而主動投降吧！

解盤手法大放送

飛星有「忌轉忌」的手法。命忌入一個宮位A後，可以再根據A宮位的宮干，再做一次轉忌入B宮。這樣，常可以觀察，命忌造成的延伸或者結果，可能是並排關係，也可能是因果關係。

舉例：

命甲太陽忌入父母，轉乙太陰忌入子女。

解釋有3：

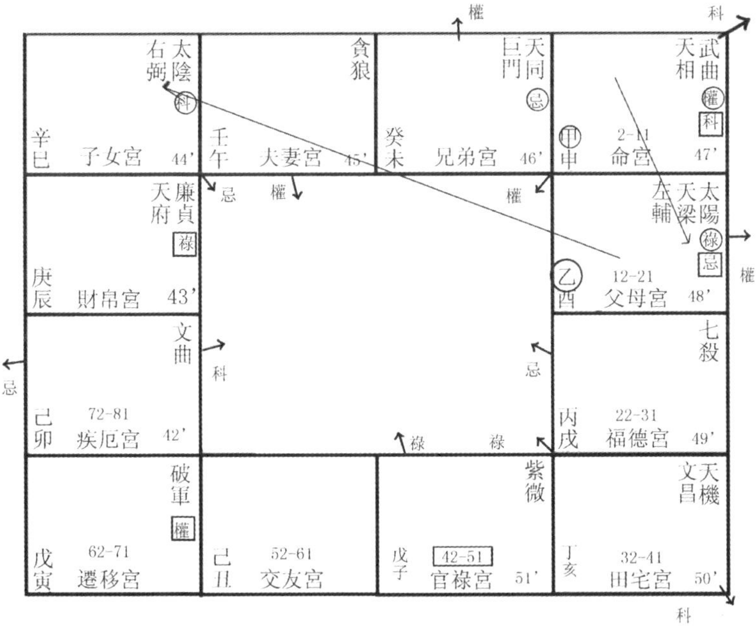

1、命忌入父母。

2、父母忌入子女。

3、命忌入子女，透過父母。

命忌轉忌，是觀察命忌把忌的力量帶入了下一個宮位，也是命忌的延伸或者結果。

比如：

命忌入福德，轉忌入田宅、兄弟、財帛，都是執著自己喜好，可能大筆花錢。

命忌入財帛，轉忌入田宅、兄弟、疾厄，都是太愛財了，有錢就存起來，但是也容易對人無情，甚至騙人，這是一種私心極重的飛化。如果轉忌入夫妻，可能因為財迷彼此對待都不好了。

命忌入遷移，轉忌入事業、財帛，代表耿直不會巴結，所以影響掙錢和工作。

命忌入疾厄，轉忌入遷移：自我情緒嚴重，性躁，讓我在外面吃不開。

命忌入遷移，轉忌入子女（沖田宅）：耿直的處世，雖然讓我到外面辛苦驛馬一場，到頭來還衝自己的田宅，不蓄財，人生多變動。

命忌入父母，轉忌入子女：我在乎長輩，孝順，也在乎晚輩，重情義（並列關係）。

命忌入某個宮位，再轉忌入命：代表你因為這個宮位的問題常自尋煩惱，長期糾結。

飛星的解釋，是一種宮位和星曜組合的定義，很像小孩子玩的巧拼遊戲，瞭解每一個元件的含義，然後組合起來解釋「宮位＋星曜」。比如命忌入夫妻，轉忌入遷移，如何解釋呢？

命忌入夫妻，代表我在乎異性。

命忌入遷移，代表我耿直簡單。

夫妻忌入遷移，代表想的不一樣，彼此不親近。

那麼組合起來，簡單說是，我雖然在乎配偶，但是因為我不善表達討好，而讓我們感情疏離，貌合神離，容易出現波折。也是典型的愛在心裡口難開。如果其中有廉貞或者貪狼，更是感情上會有笨拙不順的情況。

小孩子們都聰明，慢慢體會吧！不懂，吃個雞蛋補補腦。

第八課

閃電體會命權和命科

命宮四化都是個性取向，我喜歡什麼，執著什麼，想掌控什麼，無所謂什麼。

命權，代表：我積極的，我企圖的，我想控制的，命權常主動惹事。

命科，代表：我比較隨緣的，不計較的，不強求的，命科常主動講理。

命自化權→自負，自以為是，但是紙老虎，嚇唬人的。
命權入兄弟→兄弟中佔權，朋友裡也把自己當領袖，創業企圖心很強。
命權入夫妻→對配偶有支配慾，配偶去哪都要知道。
命權入子女→對子女強勢，管教嚴格，合作容易掌權。
命權入財帛→積極的掙錢，開拓廣泛財源。
命權入疾厄→粗線條，積極，抗壓，適合運動。
命權入遷移→我要向外拓展，能幹，果斷，但也自負霸氣，容易惹事。
命權入交友→自視甚高，喜歡替人出頭，幫人擺不平，很愛管閒事。
命權入事業→積極開拓工作，對事業有企圖心，對配偶也強勢。
命權入田宅→家庭裡佔權，對子女管教嚴厲，財富企圖心很強。
命權入福德→自以為是，很主觀，喜歡排場，愛面子，喜歡奢侈品。
命權入父母→父母形於外的宮位，強勢，得理不饒人，魯莽傲慢，得罪人。

我就見過好幾個命權入夫妻的，都是接送老婆上下班的，老婆去哪裡都得知道，不知道心就慌。當然，還有因為管束夫妻太嚴格，老查通話紀錄的，最後鬧得不可開交，真夠嗆。命權是企圖控制，如果得不到你想要的，也真是難受。但是和命忌不太一樣的地方是，命忌是執著於此無悔付出，命權是一定要掌控。命忌常痴情，命權常惹事。

命自化科↓斯文，秀氣，講理，多猶豫。

命科入兄弟↓與兄弟好商量，喜歡穩妥有節制地花錢。

命科入夫妻↓對配偶溫和，好商量，感情細膩悠長。

命科入子女↓對子女講道理，民主，好商量，開明的教育方式。

命科入財帛↓對金錢不大有企圖，喜歡平穩的進財，上班安穩最好。

命科入疾厄↓不胖不瘦，舉止優雅。

命科入遷移↓外面處世平和，文雅，防優柔寡斷。

命科入交友↓君子之交淡如水，但友情悠遠。

命科入事業↓喜歡平穩工作，魄力不足，適合文職。防遇事多思多慮。

命科入田宅→喜歡大小適中的房屋，溫和樸實的家庭生活。

命科入福德→恬淡，安逸，不虛榮。

命科入父母→平和，文質彬彬，談吐斯文。

命科是不強求的，通情達理的，甚至是你腦海中很少琢磨的地方。所以有科的地方還是有福的，命科入交友三方的人，也常因為彬彬有禮的相處方式而得貴人幫助。

第九課

命盤其他十一宮祿忌如何解釋

生年四化和命四化是命盤至關重要的地方，一組代表註定的福分和業力，一組代表了我明顯的個性傾向，我們常常定盤時都會使用這兩組四化來看一個人最大的特點。但是，人生是非常複雜的，僅僅這兩組四化是不能講述人生的。斗數十二宮，宮宮都是財，宮宮都是情，宮位之間有祿權科忌的關係預示著它們之間有緊密的聯繫，進而講述了複雜的人生故事。我們說，飛星是靠四化把宮位相互聯繫起來的，四化是什麼？是氣，氣的流動。你看命盤上一個紅道一個綠道的，那不是道，那是氣流動的方向。我先把手法教導你，然後快看看你的其他宮位之間的祿和忌分別代表了什麼意思吧！

我們看夫妻宮的祿和忌。

第一步：

夫妻庚天同忌入交友宮

夫妻庚太陽祿入疾厄宮

如果你足夠懶，你可以每個宮都只這樣簡單看，祿到哪裡，忌到哪裡，每條的解釋請到附錄裡找。下面的祿轉忌，忌轉忌手法比較複雜。

解盤手法大放送A

如果你還想精進，請進行第二步：

第二步——和生年祿忌、命祿忌一樣，也可以再進行一次轉忌，看看把祿和忌都

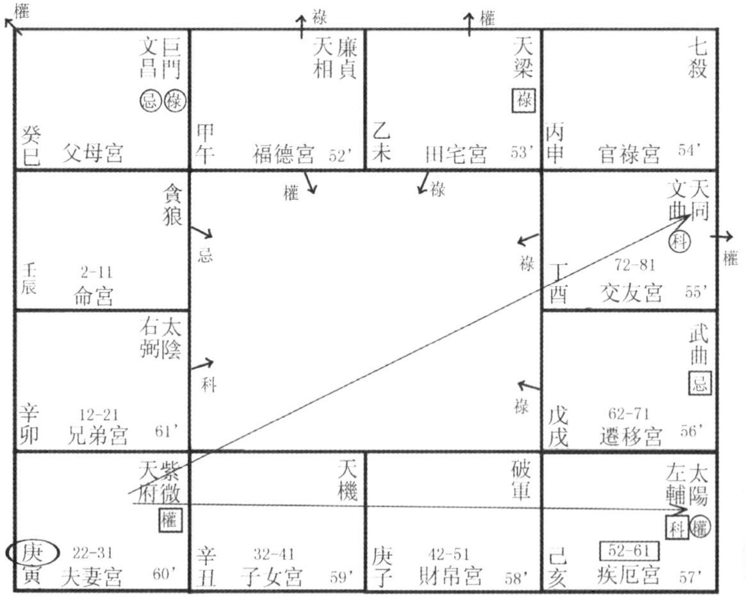

延伸到哪裡。這種延伸，和前面說的一樣，可能是一種因果關係，也可能是一種並列關係。

因果關係：命忌入福德，轉忌入田宅→愛享受，把家都花光。

並列關係：命忌入父母，轉忌入子女→孝順父母，疼愛孩子。

其他11個宮位也同樣可以祿轉忌，忌轉忌。

夫妻庚太陽祿入疾厄宮，轉己文曲忌入交友宮

解釋1：

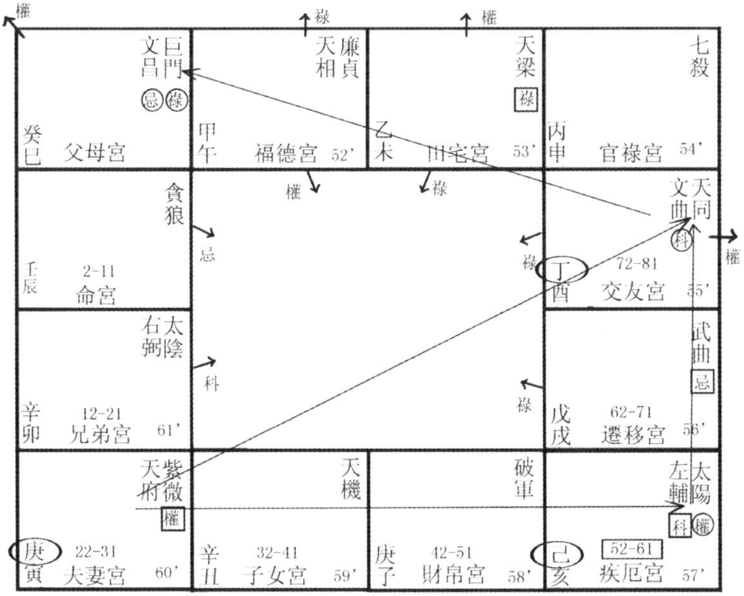

1、夫妻祿入疾厄。

2、夫妻祿入交友，透過疾厄。

這裡要特別記住哦，生年祿的祿轉忌，解釋一般有3條。命祿的祿轉忌，解釋也一般有3條。而其他11宮的祿轉忌，解釋只有2條。這是非常不一樣的地方，請務必注意。

夫妻庚天同忌入交友宮，轉丁巨門忌入父母宮

解釋2：

1 夫妻忌入交友。

2 交友忌入父母。

3 夫妻忌入父母，透過交友。

生年忌的忌轉忌，解釋一般有3條。命忌的忌轉忌，解釋一般也有3條。其他11宮的忌轉忌，解釋還是一般有3條。

「一般」是指，不遇到自化祿自化忌的情況。如果有自化祿或者自化忌的情況，可能出現1條解釋。比如這個盤，福德宮甲廉貞自化祿。福德宮祿轉忌，怎麼寫呢？解釋就1條：福德宮甲廉貞自化祿。自化祿不做轉忌。

至於每一條的解釋，請從附錄裡尋找啦。所有的解釋都是一個猜測的範圍，都可能發生的。

解盤手法大放送B

來看一個完整的例子。我把這個盤，所有的四化解釋都寫下來，請大家參考。如果不感興趣，可以跳過不看。

生年祿的祿轉忌

父母宮坐生年辛巨門祿，轉癸貪狼忌入命。

解釋3：

1 父母宮坐生年祿。

2 命宮視同坐生年祿。

3 父母祿入命。

生年忌的忌轉忌

父母宮坐生年辛文昌忌，轉癸貪狼化忌入命。

解釋3：

1 父母宮坐生年忌。

2 命宮視同坐生年忌。

3 父母忌入命。

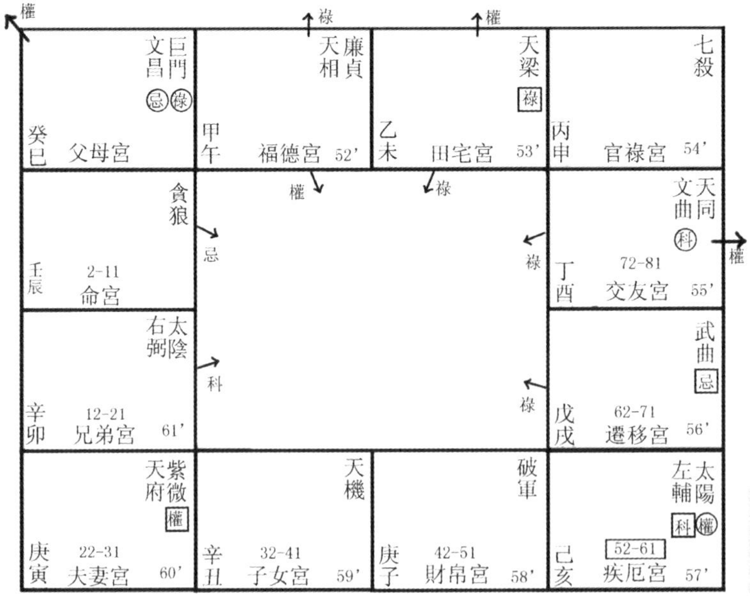

命宮的祿轉忌

命壬天梁化祿入田宅，轉乙太陰化忌入兄弟。

解釋3：

1 命祿入田宅。

2 命祿入兄弟，透過田宅。

3 田宅祿入兄弟。

命宮的忌轉忌

命壬武曲化忌入遷移，轉戊天機化忌入子女。

解釋3：

1 命忌入遷移。

2 命忌入子女，透過遷移。

3 遷移忌入子女。

兄弟宮祿轉忌

兄弟宮辛巨門化祿入父母，轉癸貪狼忌入命。

解釋2：

1 兄弟祿入父母。

2 兄弟祿入命，透過父母。

兄弟宮忌轉忌

兄弟宮辛文昌化忌入父母，轉癸貪狼化忌入命。

解釋3：

1 兄弟忌入父母。

2 兄弟忌入命，透過父母。

3 父母忌入命。

夫妻宮祿轉忌

夫妻宮庚太陽化祿入疾厄，轉己文曲化忌入交友。

解釋2：

1 夫妻祿入疾厄。

2 夫妻祿入交友，透過疾厄。

夫妻宮忌轉忌

夫妻宮庚天同忌入交友，轉丁巨門忌入父母。

解釋3：

1 夫妻忌入交友。

2 夫妻忌入父母，透過交友。

3 交友忌入父母。

子女宮祿轉忌

子女宮辛巨門化祿入父母，轉癸貪狼忌入命。

解釋2：

1 子女祿入父母。

2 子女祿入命，透過父母。

子女宮忌轉忌

子女宮辛文昌忌入父母，轉癸貪狼忌入命。

解釋3：

1 子女忌入父母。

2 子女忌入命，透過父母。

3 父母忌入命。

財帛宮祿轉忌

財帛庚太陽化祿入疾厄，轉己文曲忌入交友。

解釋2：

1 財帛祿入疾厄。

2 財帛祿入交友，透過疾厄。

財帛宮忌轉忌

財帛庚天同忌入交友，轉丁巨門忌入父母。

解釋3：

1 財帛忌入交友。

2 財帛忌入父母，透過交友。

3 交友忌入父母。

疾厄宮祿轉忌

疾厄己武曲祿入遷移，轉戊天機忌入子女。

解釋2。

1 疾厄祿入遷移。

2 疾厄祿入子女，透過遷移。

疾厄宮忌轉忌

疾厄宮己文曲忌入交友，轉丁巨門忌入父母。

解釋3：

1 疾厄忌入交友。

2 疾厄忌入父母，透過交友。

3 交友忌入父母。

遷移宮祿轉忌

遷移戊貪狼祿入命，轉壬武曲忌入遷移。

解釋2：

1 遷移祿入命。

2 遷移視同坐生年祿。

遷移宮忌轉忌

遷移戊天機忌入子女，轉辛文昌忌入父母。

解釋3：

1 遷移忌入子女。

2 遷移忌入父母，透過子女。

3 子女忌入父母。

交友宮祿轉忌

交友丁太陰祿入兄弟，轉辛文昌忌入父母。

解釋2：

1 交友祿入兄弟。

2 交友祿入父母，透過兄弟。

交友宮忌轉忌

交友丁巨門忌入父母，轉癸貪狼忌入命。

解釋3：

1 交友忌入父母。

2 交友忌入命，透過父母。

3 父母忌入命。

事業宮祿轉忌

事業宮丙天同祿入交友，轉丁巨門忌入父母。

解釋2：

1 事業祿入交友。

2 事業祿入父母，透過交友。

事業宮忌轉忌

事業丙廉貞忌入福德，轉甲太陽忌入疾厄。

解釋3：

1 事業忌入福德。

2 事業忌入疾厄，透過福德。

3 福德忌入疾厄。

田宅宮祿轉忌

田宅乙天機祿入子女，轉辛文昌忌入父母。

解釋2：

1 田宅祿入子女。

2 田宅祿入父母，透過子女。

田宅宮忌轉忌

田宅乙太陰忌入兄弟，轉辛文昌忌入父母。

解釋3：

1 田宅忌入兄弟。

2 田宅忌入父母，透過兄弟。

3 兄弟忌入父母。

福德宮祿轉忌

福德宮甲廉貞自化祿。

解釋1：

1 福德宮自化祿。

福德宮忌轉忌

福德宮甲太陽忌入疾厄，轉己文曲忌入交友。

解釋3：

1 福德忌入疾厄。

2 福德忌入交友，透過疾厄。

3 疾厄忌入交友。

父母宮祿轉忌

父母宮癸破軍祿入財帛，轉庚天同忌入交友。

解釋2：

1 父母祿入財帛。

2 父母祿入交友，透過財帛。

父母宮忌轉忌

父母宮癸貪狼忌入命，轉壬武曲忌入遷移。

解釋3：

1 父母忌入命。

2 父母忌入遷移，透過命。

3 命忌入遷移。

這是一個整體命盤所有祿轉忌，忌轉忌的寫法，包括生年祿忌，命宮祿忌和其他11宮的祿忌。有點暈了吧！你試著對著命盤耐心看完每一條，就一定會明白我的意思了。我們的飛星裡，只有「祿轉忌」和「忌轉忌」這2種，基本手法原則請參考附錄。

你會發現，這裡面有很多重複的地方，比如有好多解釋裡面都有「父母忌入命」。重複的地方，只代表一個意思，重複了而已。

你也會發現，這裡面有很多矛盾的地方。比如父母坐巨門生年祿，又坐文昌生年忌，一會兒父母祿入命，一會父兒母忌入命，到底怎麼解釋呢？父母宮有祿，代表我表達好，巨門，說話，容易和動口有緣。生年忌，代表我耿直，喜怒形於色，不平則嗚。父母祿入命，代表父母疼我，我學習緣厚。父母忌入命，代表我遠離父母，讀書過程也很辛苦。其實，我們人，就是一個矛盾體，有時候這樣，有時候那樣，人生是非常複雜多變的，所以，這些解釋，在一個人身上都是成立的。只是，宮位代表的意義和發生的時間不一樣。

答網友問

網友：比如夫妻宮祿入遷移宮，轉忌入田宅宮。解釋應該是，「夫妻祿入遷移」，「夫妻祿入田宅」。但是寫遷移宮忌轉忌的時候，也有「遷移忌入田宅」。這3個都有嗎？

答：是的，都存在。夫妻祿入遷移存在，夫妻祿入田宅也存在，遷移忌入田宅也存在。只是，它們發生的時間不同。今天發生這件事，明天發生那件事。時間如何看？找到正確的事情的時間發生點。

什麼時間發生什麼事情呢？請看下一課，非常精華的論命環節。

第十課

我的十年VS.我的一年

這章，是本書裡爬到半山腰的地方，因為這個已經涉及到論命了，這個大限什麼特點?明年發生什麼事情？說實話，這個功夫，沒有一年，是難磨成的。我們這裡就學學最基礎的論命吧！

1、認識大限——我的十年

目前命主26歲，走夫妻宮大限，我們在夫妻宮可以看到紅色的框框，標注著大限的位置。夫妻宮就是大限命宮，那麼我們把命盤轉動起來，逆時針開始，大限兄弟，大限夫妻，大限子女，大限財帛……直到大限父母。其實，就是把盤盤轉起來了，得到了一張新的大限圖。

2、認識流年——我的一年

認識了大限位置，我們再來標注出流年位置，例如，2011年是兔年，卯兔，所以，2011年流年都踏在卯宮。卯宮，就是

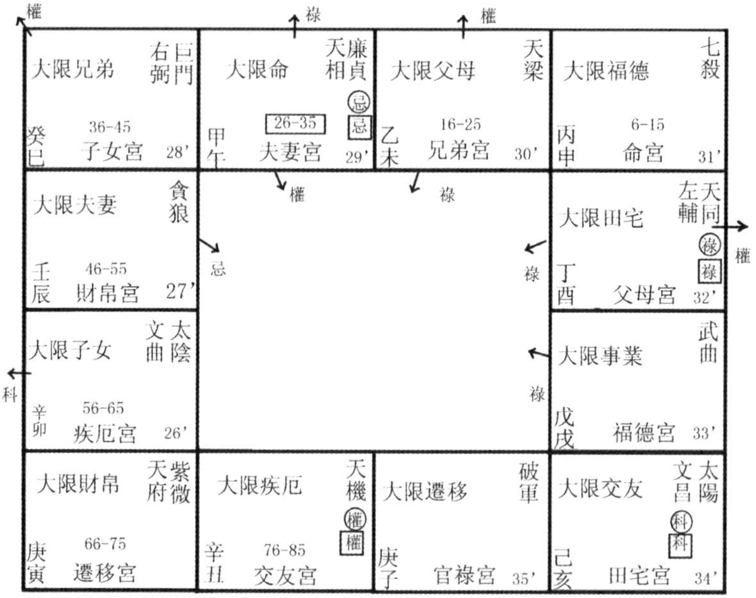

流年命宮，逆時針，排好流年兄弟宮，流年夫妻宮，流年子女宮，流年財帛宮……直到流年父母宮。這樣我們就得到一張新的流年圖。

這時候，我們必須思考幾個問題：

1、夫妻宮做雙忌，重疊大限命宮，意味著什麼？又重疊流年田宅宮，意味著什麼？

2、交友宮坐雙權，重疊大限疾厄，意味著什麼？又重疊流年夫妻，意味著什麼？

3、父母宮坐雙祿，重疊大限田宅，意味著什麼？又重疊流年遷移，意味著什麼？

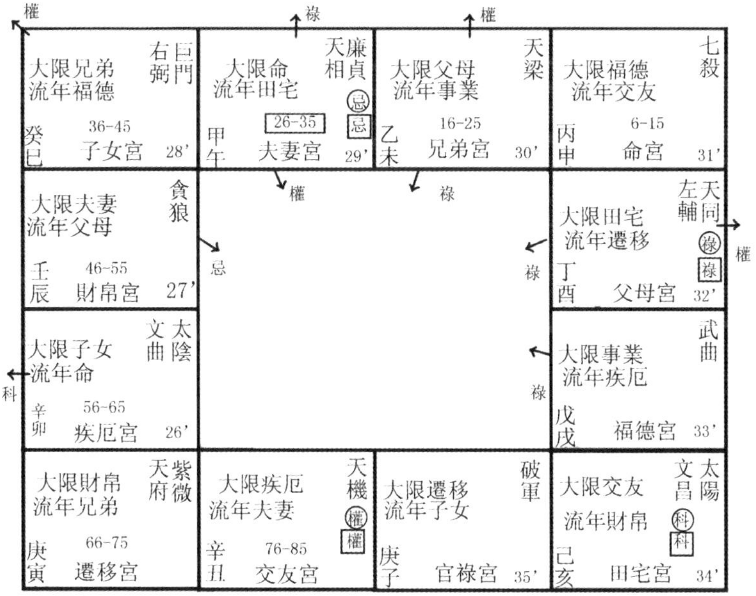

4、田宅宮坐雙科，重疊大限交友，意味著什麼？又重疊流年財帛，意味著什麼？

我們要有宮位重疊的觀念，這是解盤的重中之重，所以拿出來單獨寫一章，小寶寶們，不可以偷懶哦！沒有基礎的寶寶，一定要把自己命盤的十二個重疊宮位（本命、大限、流年）都寫下來，一定有利於你整理思路。

我們舉例解析一問題。夫妻宮坐廉貞2忌，重疊大限命。意味著在26～35，配偶的事情，是這10年的重點，但廉貞2忌，意味著感情不順利，受到廉貞忌的折磨，苦情，執著於感情，遇人不淑。又重疊2011年流年田宅，田宅意味家和財庫，我的家庭生活會因為感情的事情很不圓滿，可能家裡人反對這個男友或者因為男友破財，引起家庭不安。

你能勇敢地嘗試解釋一下其他三個問題嗎？沒有實踐，無有真知。第一次傻傻的行動，必然是斗數之路的一個璀璨的起點。

第十一課

相應——鑽石級經典解盤手法

什麼叫做相應？

命	**大限命**	**流年命**
兄弟	大限兄弟	流年兄弟
夫妻	大限夫妻	流年夫妻
子女	大限子女	流年子女
財帛	大限財帛	流年財帛
疾厄	大限疾厄	流年疾厄
遷移	大限遷移	流年遷移
交友	大限交友	流年交友
事業	大限事業	流年事業
田宅	大限田宅	流年田宅
福德	大限福德	流年福德
父母	大限父母	流年父母

這些叫做同類宮位。都是同一個名稱的，只不過分為本命、大限、流年而已。如果它們之間有互動的關係，比如祿入、忌入、祿照、忌沖，就叫做它們相應了。

相應的4種關係

1、祿入

例如夫妻祿入財帛，子女祿入遷移，簡單的一個宮位祿入一個宮位的關係。

2、忌入

例如田宅忌入命，遷移忌入事業，簡單的一個宮位忌入一個宮位的關係。

3、祿照

例如財帛祿入夫妻，照事業；田宅祿入遷移，照命。

4、忌沖

例如父母忌入事業，沖夫妻；財帛忌入子女，沖田宅。

相應的兩種模式

1、本命盤和大限盤的相應↓10年大限的特點，大趨勢，論命必須掌握。

2、本命盤和流年盤的相應↓看一年的細微情況，論命必須掌握。

舉例一

如果本命和大限相應，整個10年容易發生這種情況。

夫妻宮是大限命。命丙廉貞忌入夫妻

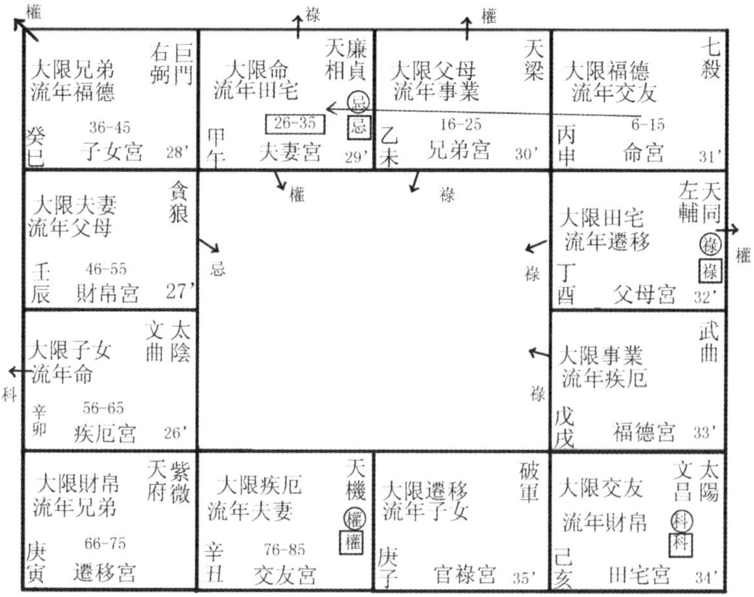

（大限命），命和大限命相應了。相當於在26∼35歲這個大限，會出現「命忌入夫妻」的強烈特點。這個特點會影響命主10年。在這個10年裡，她會把「命忌入夫妻」表現得非常嚴重，對異性非常重視，全心用在感情上，但遇到生年忌意味不順利。

假設命主改變一下性別，大限就順行了。比如大限命宮走福德，那麼本命就變成大限夫妻，會發生「命（大限夫妻）丙廉貞忌入夫妻」，同類夫妻相應。也一樣會發生「命忌入夫妻」的事情，也是10年都有這種情況。

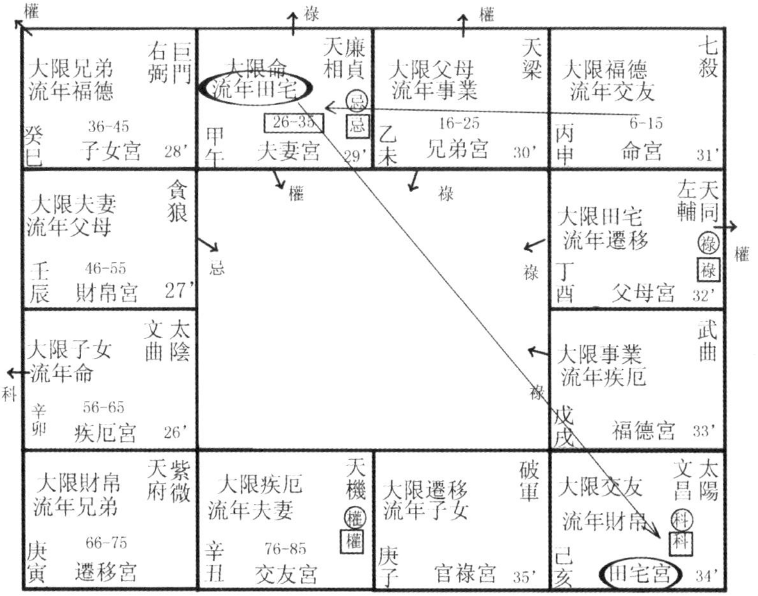

舉例二

本命和流年相應，當年容易發生這種情況。

夫妻宮，是2011年的流年田宅，甲太陽忌入本命田宅。這個就叫流年田宅和本命田宅相應了。今年就會發生「夫妻忌入田宅」的事情，家裡因為感情之事鬧得雞犬不寧。這個會是2011年一年的特點。

舉例三

命壬武曲忌入福德。等大限命宮走到福德大限23∼32的時候，就會命壬武曲忌入福德（大限命），相應了，發生「命忌入福德」的事情。

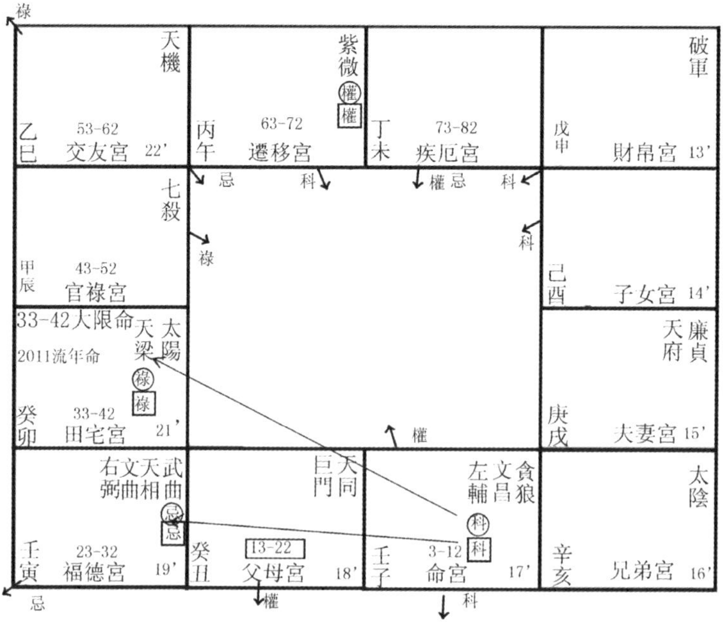

這個情況10年都會發生作用。

命壬天梁祿入田宅。等大限命宮走到田宅大限33～42的時候，就會命壬天梁祿入田宅（大限命），相應了，發生「命祿入田宅」的事情。

那麼2011年是兔（卯）年，田宅也是流年命宮，就會有命壬天梁祿入田宅（流年命），相應了，2011年就有「命祿入田宅」的事情。只不過大限沒有相應，氣沒有那麼強那麼長久，但也會出現比較短暫的家庭和樂，喜歡家庭，家庭比較順利的情況。

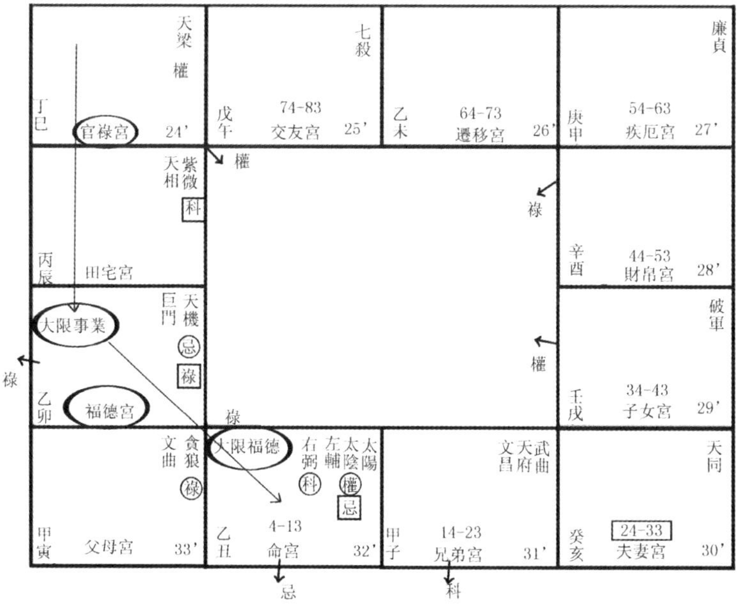

舉例四

這個盤，24～33歲大限在夫妻宮。福德是大限事業。本命事業丁巨門忌入福德（大限事業）。相應了！也就是這10年，都會發生「事業忌入福德」的事情。不僅這一個相應。命宮是大限福德。本命福德乙太陰忌入命（大限福德）也相應了！也就是這10年，都會發生「福德忌入命」的事情。所以，命主在24～33工作都非常煩惱，導致抑鬱自卑，很不開心。

大家能看明白嗎？其實，就是先找到大限命宮、流年命宮之後，把盤子給轉起來，然後把相應的宮位找出來，就能明白事情的一二了。怎麼找？一個宮位一個宮位挨著找，這是最初的辦法。等你熟練了，你常能很快目視出來。目前，我們先學習本命和大限、本命和流年之間的相應。本命和大限相應，力量大，會掌管10年，本命和流年相應，力量小，會掌管1年。如果流年命正好重疊了大限命宮或者本命命宮，力量會加倍。這些相應，一定會發生的，參考的解釋，就是本命盤某宮祿入某宮，或者某宮忌入某宮的解釋，附錄裡也可以查閱。

思考題

大家看看這個盤，我已經標注出來了，請你解釋一下，她在目前這個大限會發生什麼事情呢？

公佈答案啦

在夫妻大限26∫35歲，她會發生「福德忌入事業」的事情。

福德（大限事業）戊天機忌入事業相應。

福德忌入事業，為工作糾結，沒工作想有工作，有工作就挑剔工作。

她說，我睡覺都想著工作的事情。煩死了。但是，這個和她本人的個性心理有關，就是挑剔工作，不是工作本身不好，

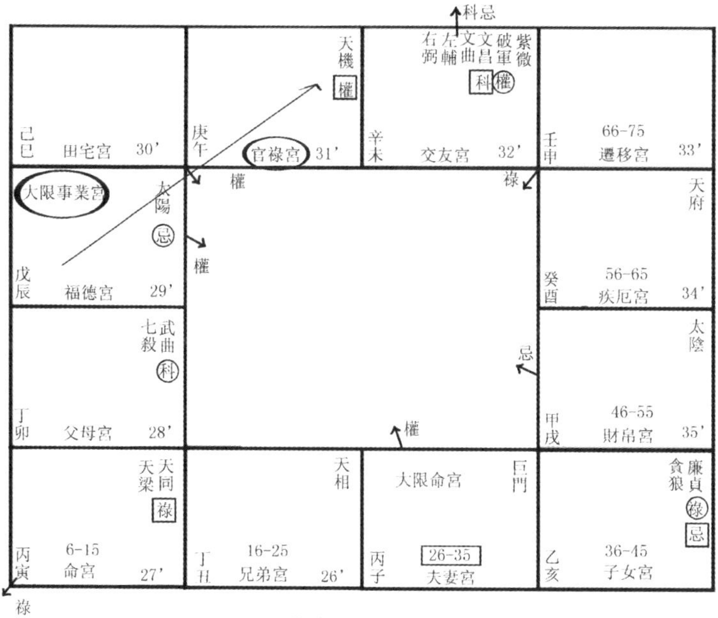

而是，老是不滿意，所以辭職、工作、再辭職、再工作，惡性循環。

為什麼很多人感情不順利呢？很可能就是夫妻（大限命）忌入本命了。

我們在前面講的宮位的忌轉忌，祿轉忌，其實相應也可以延續到轉忌後的宮位。比如命祿入福德，轉忌入交友。當流年走到交友宮的時候，也會發生有關交友方面快樂的事情。這種有點難度，對吧？嗯，在這裡，先有一個概念即可，應用暫時先不深入了。

增加一點難度啦！剛才講過的相應，都是一個宮位忌入或者祿入另一個宮位的相應。另外，還有一種相應，是沖照的相

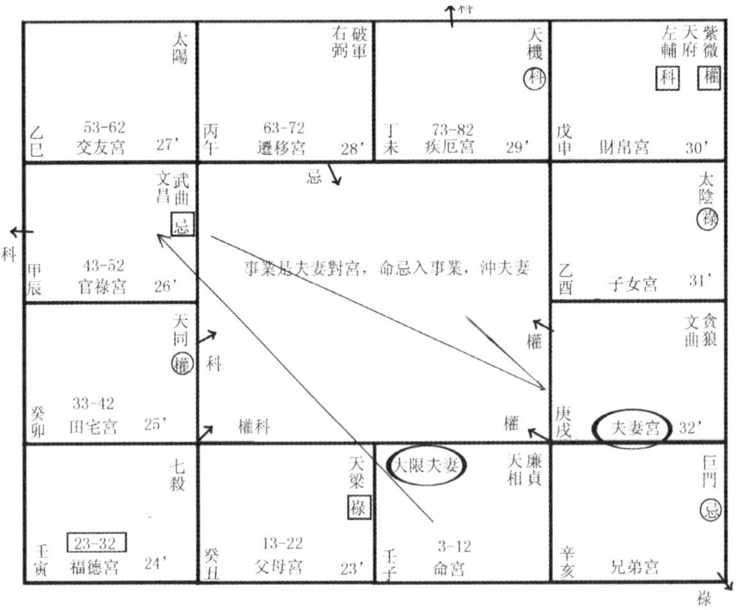

應。忌入沖對宮，祿入照對宮。

大家看這個例子：

目前大限在福德宮。命宮就是大限夫妻宮命（大限夫妻）壬武曲忌入事業，沖本命夫妻。

也就是說，在23～32這個10年裡，會發生命忌入事業，沖夫妻的情況。顧工作，顧不了配偶。或者因為忙工作，耽誤結婚。這種人一般都會有「先立業再成家」的想法。婚姻戀愛不順，也常有這種因素。

這個盤，目前大限走福德宮。夫妻是大限財帛，癸貪狼忌入福德，沖本命財帛。發生了大限財帛忌沖本命財帛的相應。寫下來：

大限財帛（夫妻宮）癸貪狼忌入福德，

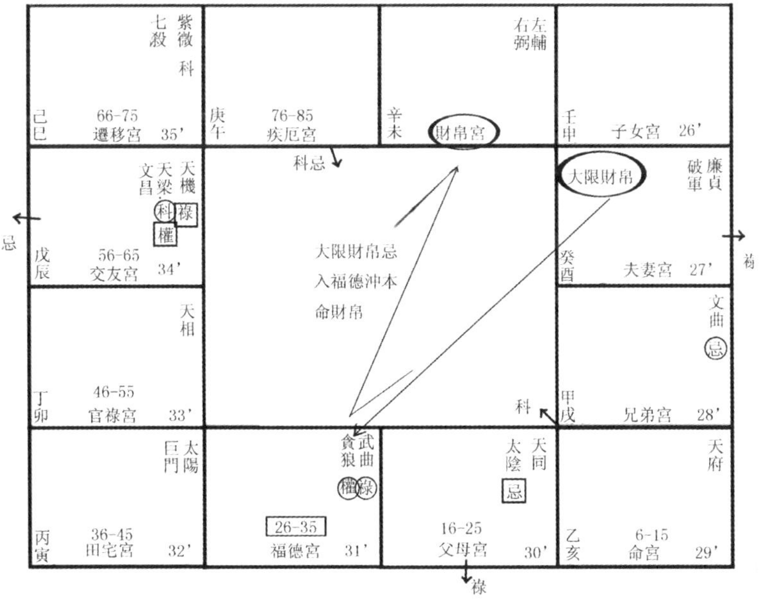

沖本命財帛。

代表財方面一定有不好的事情。大限財帛重疊本命夫妻宮，財上不好的事情和異性有關。實際情況，命主在這個大限和男友合夥投資，損失數萬。

還有更複雜的相應方法，這裡就不再闡述了，因為這本來就是給小寶寶看的書，呵呵，一步一步來吧！學會走，再學會跑。

看似很簡單，但其實，從看書到自己實踐，再能很好的解釋應用真是比較難的事情了，可能大概要學習較長一段時間。我願意拉著你們的手，等待你們長到99歲。

第十二課

解盤DIY神奇步驟颶風大放送

我可愛的小寶寶們，你們已經慢慢在接近斗數的中心啦，解盤就像珠穆朗瑪峰，好高好高，遙不可及，絕不是短時間內可以學會，而且各家各派的手法相當多，常看的人眼花撩亂，四化滿天飛，不知所言。為了讓你們快快的成長，在上一章學會找相應的基礎之上，我把驗證過的、最精華的解盤的步驟告訴大家，你們只需要一步一步對照自己命盤來看，就可明白自己每一個時期，會有什麼樣的一個趨勢，至少，你知道那個宮位一定會發生好或者不好的事情！這已經足夠過癮了吧！預測準的感覺，比到遊樂園玩颶風大轉盤還爽，你信嗎？

1、觀察自己的生年四化——祿權科忌落在哪裡

A看生年祿科權忌在哪裡，就可以知道你來到這個世間，福氣在哪裡，遺憾在哪裡。享受在哪裡，付出在哪裡。

什麼叫祿？祿是喜悅，機會，順利；什麼叫權？權是積極，控制，企圖什麼叫科？科是名聲，貴人，緩和；什麼叫忌？忌是執著，黏住，困難，命盤，有12宮。

1：（命）、3（夫妻）、5（財帛）、7（遷移）、9（事業）、11（福德）宮都是陽數宮。

2：（兄弟）、4（子女）、6（疾厄）、8（交友）、10（田宅）、12（父母）都是陰數宮。

我們說，生年祿、權、科、忌如果落入陽數宮，主貴。如果落在陰數宮，主富。如果全落在命三方，則是人生要靠自己打拼。這個是一個簡單的先天命格的分辨。

B如果一個宮位，有2個生年四化，那麼

祿權、祿科、權科的組合都很漂亮。

祿權同宮，機會加能力，為人開朗健談，善交際，很有經濟頭腦，能把握機會。

祿科同宮，機會加講道理，飽學之人，天文地理，文功武略，文藝文學路線。

權科同宮，能力加講道理，為師之人，擁有某種專業技術、手藝、才能之人。

祿忌、權忌、科忌的組合都會引發衝突的問題。

祿忌在命，代表陰晴不定，反反覆覆，遇事常受個性影響而挫敗。在其他宮位，也會反映出這種個性。適合上班型生意，現金買賣，銷售、提成或分紅類。

權忌的組合，如果在命，代表又自信又固執，常要佔上風，說翻臉就翻臉，如果在財帛和事業代表辛苦，掙扎，要費好大的力氣才能得到。適合專業或者刑事、衝突性的工作類型，靠專業拿俸祿。

科忌的組合，不乾脆，拖拖拉拉，咬文嚼字。這類人重情義，所以常有人際糾纏或者感情糾葛，最適合安定上班領薪。

C命盤有六條線

命宮—遷移：簡單說是我的個性和走到外面社交的事情。

兄弟—交友：簡單說是我的人際交往和我的成就、經濟。

夫妻—官祿：簡單說是我的感情、配偶和從事的職業。

子女—田宅：簡單說是我的孩子、合作和家庭天倫之樂。

財帛—福德：簡單說是我掙錢的路子和我的想法及享受。

疾厄—父母：簡單說是我的身體健康和父母、學業、前途。

我們看生年祿，生年忌，不僅要看它們坐在哪裡，另外一定要想到，它們會祿照、或者忌沖對宮。很多時候，受沖的宮，比坐忌的宮還倒楣，更與你無緣。

比如圖中，交友宮有生年忌，代表欠友情債，今生需要還別人很多。沖兄弟，代表拿出錢來還債。往往這就是不存錢之忌，因友損財，老存不下錢。

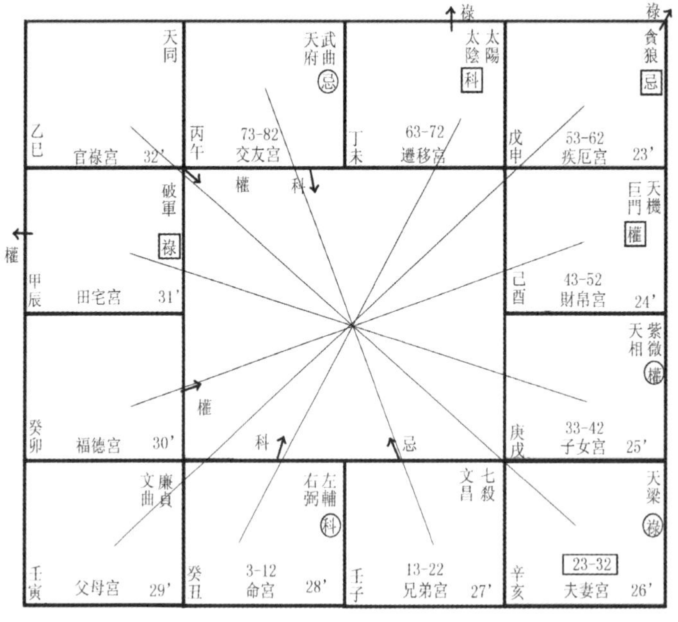

夫妻宮有祿，不僅代表異性緣好，配偶好，也是代表祿照事業，事業會讓人看起來感覺很漂亮。

再比如生年忌坐命，代表個性固執不好溝通。沖遷移，出去也惹麻煩，不順利。

比如福德有祿，代表想得開，樂觀，照財帛，有一句話「樂觀有財」，情緒穩定必然會讓財運更好。

我們說，每條線一定要同時看，不可分開。它們一對一對的，是一體的。

D流年、大限踏到生年祿權科忌，一定都有明顯的作用。比如，一個人夫妻宮有生年忌，大限命走到夫妻宮，在這個10年裡，就容易戀愛不順利，最宜晚婚。還容易沖事業，造成工作不穩。

如果一個人財帛宮有生年祿，大限走到財帛宮，在這個10年裡，容易和錢有緣，財如流水般來，掙錢順利。

如果一個人父母宮有生年天機祿或者天梁祿，流年走到父母宮，還可能會學習佛法、命理。

我們說，大限、流年踏到祿權科忌，必然有其象。未必踏祿就是有錢，但一定有它自己的象存在。要結合宮位和星曜來看。

E用生年祿的三宮交祿原理，看看你命裡最大的福氣在哪裡。這個前面已經詳細闡述，這裡就不再多說。

記住：一定要結合星性來看。脫離星星看四化就如同吃豆包，裡面沒有紅豆餡。

2、觀察自己的命四化——命祿權科忌落在哪裡

命四化是個性，有些人為自己的命忌或者命權付出一生慘重的代價，不可不看，比如命忌入夫妻，代表我在乎、珍惜對方，為對方付出不以為苦。但是一輩子被異性害慘的人還少嗎？有些人說，論命別說個性，直接看結果。其實那麼多人都同一時間出生，可能完全一樣的結果嗎？今年你吃麥當勞，他也一定吃？當然不可能。但是，他們可能有相似的個性、喜好、憎惡，導致人生有某種程度的相似性。所以個性一定要看。

祿、權、科、忌，尤其當流年命、大限命走入這四化的宮位時，效果是最明顯

的。

命忌入交友，當流年走入交友宮的時候，一定會發生人際方面的糾葛問題，如果桃花星化忌，意味愛情方面出問題，沖了兄弟宮、庫位。

命權入事業，當流年命走入事業的時候，會更積極的工作。

記住：一定要結合星性來看。脫離星星看四化就如同吃豆包，裡面沒有紅豆餡。

3、找到一個特殊的宮位，這個宮位坐了很多祿權科忌

很大一部分命盤，都會有這樣一個或者多個宮位，就是一眼看去，它很熱鬧，裡面有什麼命祿、生年忌、自化權、科什麼的，反正就是集中了很多的四化的這樣一個宮位，就像你們家的醋瓶、醬油瓶、料酒瓶破了，抹成一片。

這樣的宮位，你一看就暈了，其實我一看也暈了。人生的很多秘密就在於此啦。

如果有這樣一個很熱鬧的宮位，代表你個性一些極端的方面或者多變化的方面就體現在這裡。猶如人生坐過山車（雲霄飛車）一樣，忽上忽下。一個人生四平八穩的命盤，是不容易出現這樣熱鬧的宮位的。

比如，一個人命宮如此熱鬧，那麼他走到福德大限的時候，大限夫妻會重疊命宮，變得這樣熱鬧，意味著他感情可能會生出很多變化，不順利。等到他走田宅大限的時候，大限子女宮重疊命宮，代表投資、孩子、田宅之外生出很多變化。等到他走官祿大限的時候，大限財帛宮又重疊命宮，代表掙錢財路方面變化多端。等到他走交友宮的時候，

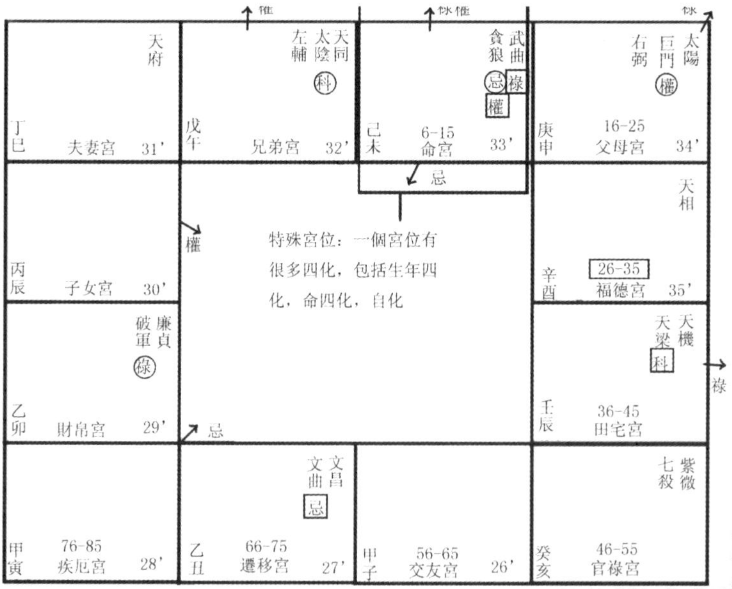

大限疾厄宮又重疊命宮，代表他的健康又起起落落……你說，這樣的人生是不是很波動？真的如同坐過山車一樣，不穩定啊！

所以，我們排好一個命盤，先要找到這個宮位，看看這個宮位在本命盤上是什麼宮，重疊到大限、流年裡又是什麼宮位，來對他的階段性人生有一個初步的判斷。

4、找到來因宮

來因宮是命盤很重要的一個宮位，有人說，它是一個因果的宮位。它無形之中就會影響你的生命軌道，不管你願意把方向盤轉到哪裡，它始終會把你拉到既定的軌道上行駛，你的一生一定受到它非常大的影響。我們在這本書裡會有專門的一章有趣的學習來因宮，這裡先簡單說一下。

來因宮在哪裡？我們舉個例子。比如你生年癸亥年，那麼你命盤，宮干是癸的宮，就是你的來因宮。也就是，來因宮的宮干和生年天干是一致的。請記住，子丑不作為來因宮。

這個宮位祿入會逢到生年祿，忌入會逢到生年忌，好上加好，雪上加霜。一定對你的人生有一個很大的影響。

來因宮又分為2大類

A來因宮在命三方（命、財帛、事業）和福德三方（福德、遷移、夫妻）屬於自立格，屬於要自力更生的人。一輩子可以多依靠自己。

命—命、個性、情緒影響人生。

財帛—賺錢、掙錢方式影響人生。

事業—工作影響人生。

福德—我所想，興趣愛好，我的祖蔭，我的福氣，影響人生。

夫妻—異性影響我人生，配偶影響

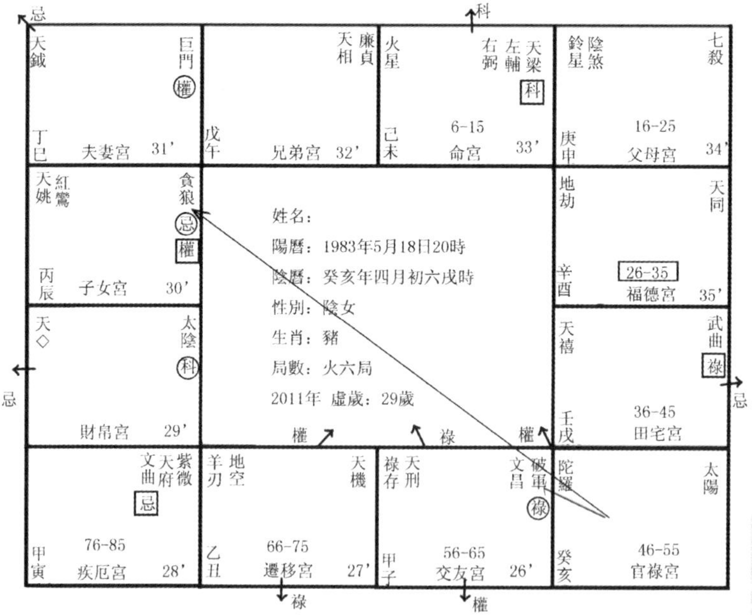

我人生。也要參考對宮事業，工作影響我。

遷移—離家在外，遠行，社會面影響人生，也是主意外，個人福分。

B來因宮在交友三方（交友、父母、子女）和田宅三方（田宅、兄弟、疾厄）屬於它立格。也就是他人對我影響很深，有時候不在我控制範圍內。

父母宮—父母，長輩，教育，文書，交友財，與政府有關的行為影響人生。

子女宮—晚輩，合夥，桃花影響人生。

交友—朋友，部屬，與人合作影響人生。

田宅—家庭，祖產，搬家，驛馬，財庫，祖蔭影響人生。

疾厄宮—健康，學習文教（父疾主光明、文書問題）影響人生。

兄弟宮—兄弟姐妹，經濟位，創業，成就影響人生。

來因宮的解釋都需要參考對宮。例如夫妻是來因宮，說明異性影響我很多，但也要參考事業，這也代表我是需要靠工作的。疾厄宮代表身體健康，但也要參考父母宮，代表父母長輩、公職、國家、公關關係、銀行借貸、讀書學藝、交友財對我有很大影響。

快找到你自己的來因宮吧！因為，你大概一生會圍繞著它打轉轉。它讓你享受到人生快樂幸福，也會讓你跌到谷底，是逃不出去的債。比如疾厄是來因宮，可能人生光明（父母疾厄線主光明）的大好時候，突然生病，其實，這就是債，是因果。論命一定不要忽視來因宮的作用。

要根據來因宮的四化來判斷，到底它如何強勢的影響著你的人生。

5、忌也要分兩種

很多人一看到忌就認為不好，但並非所有的忌都是不好的，有些忌代表付出，堅持，認真，黏著。沒有忌，我們無法用心工作，無法用心愛家，無法情有獨鍾的戀愛結婚，所以，要區分至少2種忌。一種是對我不利的，一種是相對有利的。

首先，還得區分他宮和我宮。

他宮：父母　兄弟　夫妻　子女　交友　遷移

我宮：命　財帛　疾厄　事業　田宅　福德

如果你有兄弟，兄弟宮做為六親宮，如果你沒有兄弟，六親宮通常做為我宮，因為兄弟宮代表我的經濟位元，銀行存款，我的事業規模和能力。

原則是

六親宮不可忌沖我宮，只要忌沖我宮，都代表最終對我不利。

比如，父母忌入遷移沖命，代表父母能力一般，無法庇蔭我，也可能我遠離他們，常不能和父母在一起。

交友忌入子女，沖田宅，代表人際會讓我破大財。

子女忌入夫妻，沖事業，代表如果合夥會把事業弄垮。

但六親宮位忌入福德、財帛一線，不能完全做此解釋，因為福德和財帛都是我宮，有我自己的喜好在裡面。比如交友忌入福德沖財帛，容易多因為自己喜好和人際互動而可能花錢，比如吃飯、出遊，未必是人際對我有傷害。遇到這個類型要綜合考慮。

不僅是六親宮忌沖我宮不好，其實什麼宮如果忌沖我宮，都不好。大家要分辨2種忌。一種忌是相對好的，代表保守、收斂、積蓄、堅持，另一種忌是相對不好的，代表破財、付出、勞累，怎麼看呢？其實，就是忌沖我宮的忌不夠好。

例如命忌入田宅、命忌入事業、命忌入財帛都代表顧家（當然，也會有私心重的傾向）、努力工作、認真掙錢。這些忌是有利於我自己的人生發展的。

如果命忌入子女、命忌入夫妻、命忌入福德代表衝動投資沖庫、執著感情不顧事業、為自己嗜好亂花錢。這些都是不夠好的。

但反過來看，命忌入子女的人會疼愛孩子，重視人際大眾，而命忌入田宅的人，會內斂，愛自己的家多一些。從社會人類相互關愛的角度講，也許命忌入子女的人更大方、更不計較、更慈悲、更以眾生為重。這就是斗數的哲學，沒什麼是百分之百好和不好，看站在什麼角度看問題。

思考：「交友忌入田宅」和「交友忌入子女沖田宅」，哪個更不利？

答：忌沖田宅可能會一沖就全光了，交友來破我的庫，庫一下子就被沖沒了，比如別人拉著你投資，一下子全進去了。忌入田宅可能代表長時間有客戶，開零售店的比較喜歡被交友忌入田宅，意味著總被人光顧。從不好的角度講是別人黏住我的庫慢慢消耗，也許10年也未必消耗空。所以，還是忌沖的厲害。

6、宮位重疊的概念

宮位重疊的概念實在是特別重要。在這本書裡，常常被提起。在上一章，認識大限、流年的時候，就已經入門的告訴大家了。這裡，要再次強調它強大的作用。

比如，這個盤，目前走福德大限。2012年，龍年，壬辰年，流年命在子女宮的位置。我們把所有的宮位重疊都寫下來。這個必須會寫哦，否則根本沒辦法論命，因為你不知道怎麼判斷到底哪方面發生事情了。

命宮—大限夫妻—流年田宅
兄弟宮—大限子女—流年福德
夫妻宮—大限財帛—流年父母
子女宮—大限疾厄—流年命宮
財帛宮—大限遷移—流年兄弟
疾厄宮—大限交友—流年夫妻
遷移宮—大限事業—流年子女
交友宮—大限田宅—流年財帛
事業宮—大限福德—流年疾厄
田宅宮—大限父母—流年遷移
福德宮—大限命—流年交友
父母宮—大限兄弟—流年事業

當2012年流年命宮踏到大限的疾

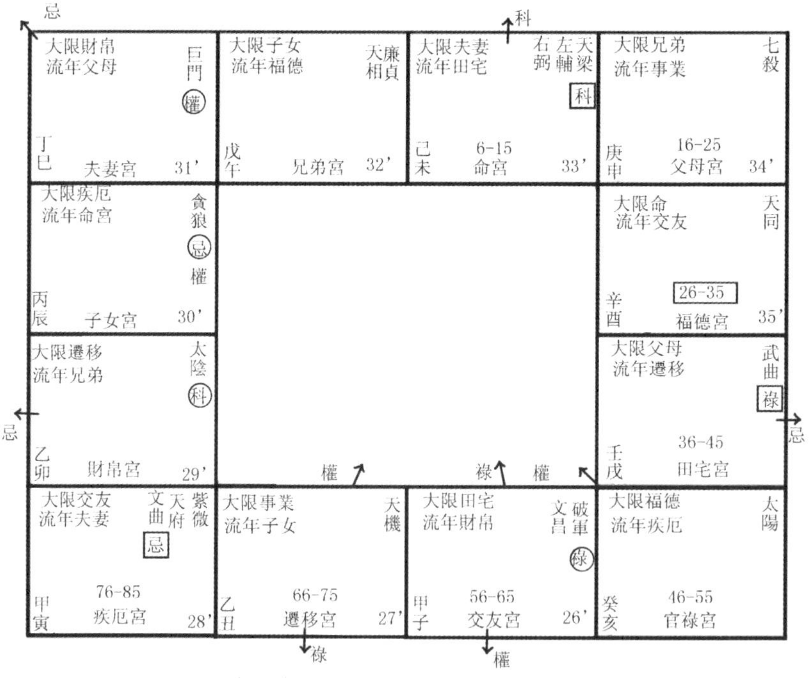

厄宮，又重疊本命子女宮的時候有生年貪狼忌，這代表什麼？我們的解釋，可能這個大限就和健康，女性的子宮、懷孕不順利有關，也可能和一些不好的濫桃花、性行為有關，流年踏到這裡，必然會明顯發生這樣的事情。

宮位重疊的概念非常重要，在解盤過程中，宮位重疊幾乎每分每秒都要用到。希望大家能熟練的排出自己盤的大限和流年。沒有這個基礎，就根本無法提及論命了。

7、本命－大限－流年的關係

我們說，判斷命運，要從本命和大限入手，即可觀察出10年內的感情、財運、工作的趨勢。10年大限好，流年再差也不會沒飯吃，10年大限壞，流年再好，也好不了哪裡去。大限是一個基調，流年只是在其中，翻雲覆雨逃不出其手掌。常遇到一些初學者，一來就分析流年，甚至流月和流日，其實基本都是碰巧，知道結果來湊原因，這樣是只能娛樂一下，是無法學到紫微真知的。絕不可以直接用流年四化來看流年發生的事情，因為命盤12個格，豈不每12年、12個月、12天就要發生一次同樣的事情？大限是基礎，大限不同，才有本質不一樣的流年。判斷出本命和大限的關係，就會應在一些點上，當流年踏到這些點，事情吉凶自然就體現出來。

所以，學習紫微斗數，尤其初學者，最重要的一環就是看本命盤和大限盤的關係。至少要定出好壞的大基調，再說流年細節的事情。

8、任何宮位忌沖命、大限命、流年命都意味著分離

我們說這個「分離」不是說離開，出門的意思，這個分離是暫時的中斷，遠離的意思。任何宮位沖命都意味著沒有深厚的緣分，可能威脅到我，於我不好之意。

比如，父母忌入遷移，沖命。一般情況，會從小就遠離父母，父母對自己沒有什麼幫助，甚至有的父母還會身體不好，生病或者去世早。

比如，夫妻忌入遷移，沖命。一般情況，走在福德或者夫妻大限的時候，流年度

過遷移宮的時候，感情必然出現問題。這種飛化，多次見過離異的情況。所以，遇到有這種命盤，必須告知晚婚，否則婚姻一定起波瀾。

這個盤，目前走夫妻大限。大限命（夫妻宮）乙太陰忌入遷移，沖本命命宮。2011年，流年走到命宮，正是受沖之時，這年離婚。看，也是相應吧！大限命、本命、流年命都相應了。忌沖，代表一種分開，分離。忌入可能是黏住、糾結，煩惱，但不至於散掉，而忌沖會散掉。大家要區別忌入和忌沖的關係。

任何宮位忌沖大限命，代表在這個10年中，這個宮位與我緣分充滿變數，有不利於我之傾向，同時也要看這個宮位和大

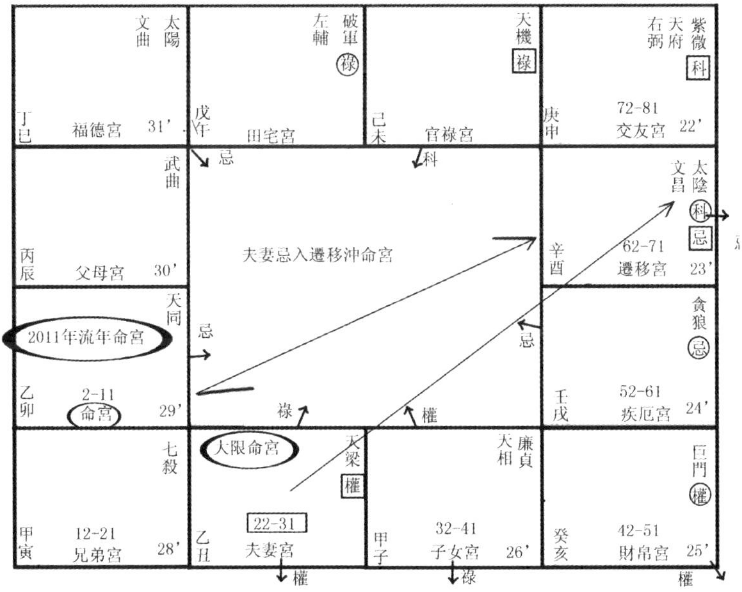

限的什麼宮位重合。

任何宮位忌沖流年命，代表在這一年裡，和我有分離的可能。比如事業忌沖流年命，容易工作不好或者換工作。

9、本命盤和大限盤的聯繫

本命應數大限，大限應數流年，這是絕對的道理。到底怎麼觀察大限？其實就一個辦法，絕對不可以偷懶的辦法。就是一個宮位、一個宮位逐個審核大限和本命盤之間的相應關係（上一課已經講過相應）。好多人問，怎麼高手看盤那麼快？有什麼訣竅？沒有捷徑可走，那是因為數量累積達到了質的飛躍，高手看盤速度很快而已，而且高手知道找什麼宮位入手。

比如，我們看大限財帛。看看大限財帛和本命財帛有什麼關係，是祿入、忌入還是祿照、忌沖的關係，才能判斷他們之間作用力在這10年裡是一個什麼趨勢。

原則

A大限各宮位不可忌沖本命同類宮位

大限命不可忌沖本命
大限兄弟不可忌沖本命兄弟
大限夫妻不可忌沖本命夫妻
大限子女不可忌沖本命子女
大限財帛不可忌沖本命財帛
大限疾厄不可忌沖本命疾厄
大限遷移不可忌沖本命遷移
大限交友不可忌沖本命交友
大限事業不可忌沖本命事業
大限田宅不可忌沖本命田宅
大限福德不可忌沖本命福德
大限父母不可忌沖本命父母

如果發生大限盤忌沖本命同類盤，這個宮位一定在10年內一定都有問題，而且這種問題存在是長期的。發生這種情況的宮位都主損失，忌沖是一種分離、分開。要是大限夫妻忌沖本命夫妻，你可能在整個大限感情都不順利。大限事業忌沖本命事業，你也一定工作不順利，中途面臨大變動。

例如這張盤。目前走兄弟宮的大限。遷移宮是大限疾厄宮。大限疾厄（遷移宮）丙廉貞忌入父母，沖本命疾厄宮。預示15～24這個大限裡面，身體一定會出問題。流年走到08年的時候，08年流年疾厄宮正好是父母宮，就發

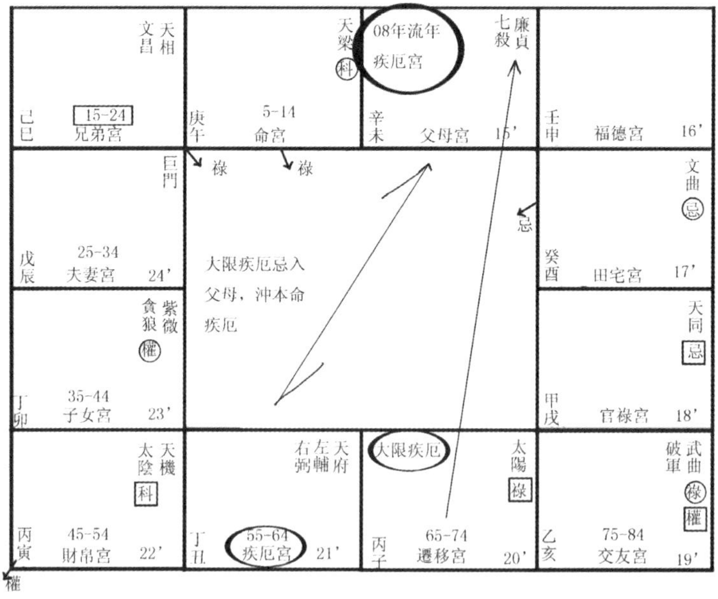

生：

大限疾厄（遷移宮）丙廉貞忌入流年疾厄（父母宮），忌沖本命疾厄宮。

實際情況是，命主當年手臂骨頭嚴重發炎，廉貞星意味炎症血光，之後一直拖延，到2011年命主還在擔心惡化。

B如果

本命忌沖大限命

本命兄弟忌沖大限兄弟

本命夫妻忌沖大限夫妻

本命子女忌沖大限子女

本命財帛忌沖大限財帛

本命疾厄忌沖大限疾厄

本命遷移忌沖大限遷移

本命交友忌沖大限交友

本命事業忌沖大限事業

本命田宅忌沖大限田宅

本命福德忌沖大限福德

本命父母忌沖大限父母

這種忌沖會在某一年發生不好的事情。這種不好是暫時的，不應影響10年。發生點，應該是流年踏到忌或者踏到忌沖的點。

C如果大限宮位忌入本命同類宮位，或者本命宮位忌入大限盤同類宮位，這種忌入的關係是沒有大災難的（前提是這個忌是單忌，不和生年四化和命四化碰撞）。有時候只是辛苦、黏結、糾纏不休，長時間的一種不順的狀態，但不意味很大的損失或者分離。

比如夫妻忌入大限夫妻（本命財帛），可能代表夫妻之間計較金錢，彼此對待不夠親密，但不一定是無緣離婚。

D如果大限盤，祿入本命同類或者祿照本命同類是好的，反之亦然。

以上這幾個原則，大家要記住。如何避免損失？要多關注忌沖的宮位，謹慎處理。如果你發現大限財帛祿入本命財帛同時又忌沖本命財帛，告訴你哦，忌沖一定還會發生哦，絕對不會因為有祿入的關係就避免，這代表你掙錢順利，最後損失的更多。所以，忌沖一定不可以小視的。

快找找，你的大限盤和本命盤有沒有忌沖的關係吧！

10、命三方和大限三方的關係

我們說，看一個人是否富有要看田宅，田宅是人生最大的收藏，是庫位，是你最終依靠的宮位。但是，我們活一輩子，每天也得工作、掙錢，所以命三方也是非常重要的，畢竟一輩子像美國希爾頓那樣吃喝玩樂靠祖宗養著的千金大小姐，是鳳毛麟角的。呵呵，所以，給大家講講命三方和大限三方的關係，你就可以分析出，在一個10

年裡，你工作掙錢的樣子是如何的。

我們說還是有幾個原則：

本命盤裡，命三方如果發生忌沖的關係，是不好的。

比如財帛忌入遷移，沖命，代表掙錢機會少，錢和我緣分弱。

比如事業忌入遷移，沖命，代表好工作難找到，工作和我緣分弱。

事業忌入福德，沖財帛，代表努力工作沒有收入或者收入很少。

財帛忌入夫妻，沖事業，代表工作中經濟投資吃緊。

這個原則要應用到大限，看大限工作狀態的好壞。

A大限三方（大限命、大限財帛、大限事業）不可忌沖本命三方。

大限財帛不可以忌沖本命財帛

大限事業不可以忌沖本命事業

大限命不可以忌沖本命

這個剛才已經講過了。但不僅如此，

大限命不可以忌沖本命事業
大限命不可以忌沖本命財帛
大限財帛不可以忌沖本命
大限財帛不可以忌沖本命事業
大限事業不可以忌沖本命
大限事業不可以忌沖本命財帛

也就說，命、財、官這三方是不可以忌沖的關係，不管誰忌沖誰都不好。同理，本命宮三方忌沖大限命三方也是不好。

A如果大限三方祿入本命三方是好的。比如

大限財帛祿入本命財帛
大限事業祿入本命事業

大限命祿入本命
大限命祿入本命事業
大限命祿入本命財帛
大限事業祿入本命財帛
大限財帛祿入本命事業

它們之間相互祿入都是好的。尤其大限命祿入本命事業，代表10年工作順利，能升官也能加薪。大限命祿入本命財帛，代表10年掙錢順利，財路順暢。

11、大限事業－大限的運氣位

官祿宮不僅代表事業，簡單說就是一個人的工作，它還是命逆數9位，9位我們稱為運氣位，事業宮還代表我們的運氣，這個觀點要輸送給大家。我們說，父母疾厄這條線代表光明，兄弟交友這條線代表成就，這兩條線也是命盤非常重要的地方。本命事業如果祿、權入父母疾厄線或者兄弟交友線，都主此命格會有光明和成就。如果忌入，就先天格局上差點了……這是從本命格來看。大限事業也是每個大限的運氣位。所以看大限好壞，很多時候要參考大限事業的祿權科忌入哪裡。

如果大限事業祿、權入本命父母疾厄線（光明），代表這一限有前途，容易步步高升，福蔭深厚。如果大限事業祿、權入本命兄弟交友線（成就），代表這一限能有成就，突飛猛進，一朝提拔。如果是公職或者穩定上班，最好是大限事業祿入父母疾厄線，代表晉升；如果是分紅或者自己開店的，最好大限事業祿入兄弟交友線，代表盈利。不管怎麼樣，如果大限事業忌入本命父母疾厄線或者兄弟交友線，不好意思，您別折騰了，就安安穩穩的工作就好了，不能升官發財，您先忍著。如果做生意自己開店，大限事業忌入這2條線，都可能有不景氣、倒閉，不得不換行業的危險。所以，遇到這樣的時候，您就得理性點，別想著成億萬富翁，謹慎為之，否則，可能投資一去不復返。

12、論大限的工作和財

剛才我們已經闡述了，大限事業和本命三方有祿入、祿照的關係都是很不錯的，如果大限事業忌沖本命三方，您最好安定上班。大限事業最好祿權入本命父母疾厄線或者兄弟交友線，代表有前途，有光明，如果忌入這2條線，您最好穩定上班，否則會倒閉賠本或者有糾紛，因為父母是文書位，疾厄是事業的田宅，被忌沖，不是有文書問題沖了光明就是乾脆青黃不接，甚至倒閉關門。

我們看大限財帛，也是這種思路。大限財帛和本命三方有祿入、祿照的關係都很好，如果大限財帛忌沖本命三方，您小心損財。如果大限財帛祿權入本命父母疾厄線或者兄弟交友線，代表有錢賺，前景美妙，如果忌入這2條線，您最好穩定上班，否則會有店面倒閉的可能。

我們看大限，想知道這10年內從事什麼類型的工作，有時候看大限事業，有時候看大限財帛。比如大限事業、大限財帛如果重疊生年祿，可能10年就做這個行業，根據星星來判斷。如果沒有明顯特徵，我們就看大限事業或大限財帛的祿和忌到哪顆星星的解釋，來判斷這個10年會主要從事什麼工作。

其實一個人如果一生踏踏實實上班，可能他在走衰運的時候未必會有很多損失。所以說，很多忌對於白領是沒有太多傷害的。怕就怕在運不好的時候投資開廠，那人生的起落就大了。

這個男孩子在網上發帖問適合做什麼。破軍生年祿，也是很能闖之人，破軍也是大海水，批發、地攤、鬧市之類。目前大限事業在福德，庚太陽祿入兄弟，代表這一限如果做生意會盈利。大限財帛重疊遷移宮，甲廉貞自化祿，賺外面的錢，甲太陽忌入兄弟，太陽，容易做和網絡、傳媒、能源有關的工作。

實際情況，這個男孩子目前開網店，從事批發生意。從大限財帛和大限事業就

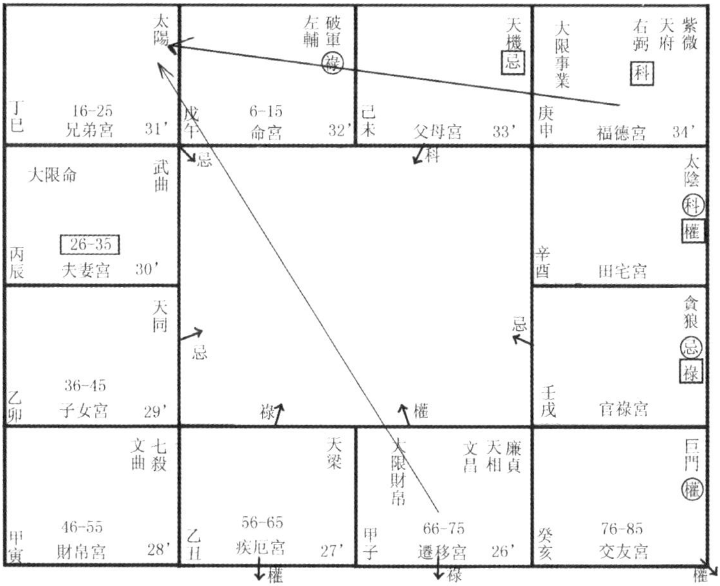

可以看出，一個人在這個10年內會做什麼工作。雖然他大限事業祿入兄友線，意味大有發展，但大限財帛忌入兄友線，也還是主會有大損失，應該是因友損財的損失，這種情況要很小心處理與人合作的事情，尤其要避開某些流年，比如被大限財帛忌沖的流年，或者流年命宮踏到大限財帛的忌。這個男孩子，來因宮在交友宮，擺脫不了和人合作合夥的命運，一生受朋友、客戶、合夥人影響很深，好也好，壞也壞，都難避免。我們從來因宮大概可以斷定一個人的發展的方向了。

如果你真的很認真的反覆學習這解盤12大步驟，你已經長大成為一棵樹，開滿了花，長滿了葉，可以為別人擋雨遮陽。師父說，傳播斗數，就是救人。學會命理，可以救自己，可以救別人！這是多麼好的事業啊！

講到這裡，教學的部分就簡單完成了，辛苦嗎？算是更多瞭解自己了吧！很好，下面的部分，就是我在學習過程中的一些小知識，小亮點，小心學了。

請君入甕，繼續觀看！

第十三課

讓你歡喜讓你憂的宮位

紫微斗數12宮，哪個宮比較特別呢？成就你，也拖累你？讓你歡喜，讓你憂？這個宮位，就是和你生年年干一致的宮位。也叫「來因宮」。比如你壬年出生，那麼你命盤，宮干是壬的宮位就是最重要的。這個宮位發出的祿逢生年祿，讓你錦上添花，發出的忌，逢生年忌，讓你雪上加霜。

不信，自己拿著命盤實踐吧！看了很多命盤，這個學理，太明顯了。但是，還要配合大限，如果你20多歲，也許你不會感受到的。但是，我相信，任何一個60歲以上的人，你問他是不是這樣，他絕對會點頭的。你信否？

另外，還要看星性和宮位。祿逢生年祿是什麼星，忌逢生年忌什麼星，以及落入的宮位。這樣才能大概知道這個宮位對你一生的影響到底是什麼。

這樣的例子很多，我見過田宅是來因宮的，被家拖累，也享受家庭幸福，夫妻這樣的，被男人害，也享受男人給予的好處……大家拿自己命盤檢驗吧！

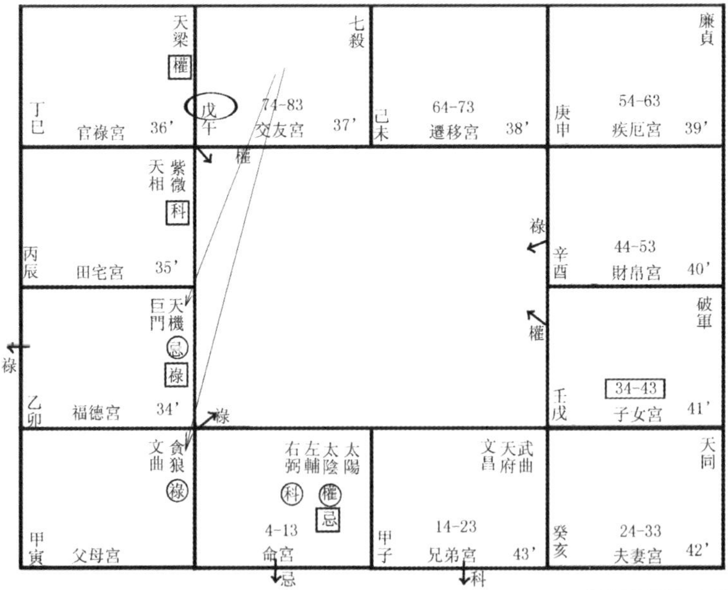

我舉個小例子

交友宮對我的影響最大。其實，我是個特別宅的人，我幾乎除了同事、老公、父母不接觸別人的，下班就回家，絕對三點一線的，乖的不得了的。如果，幾年前告訴我，說交友宮對我影響最深，我死都不會相信啊……我就那幾個同事和客戶……但是，現在我就不得不相信了。

交友戊貪狼祿入父母，逢生年祿→我有緣接觸到的同輩，是喜歡命理的，父母宮，學習的宮位。貪狼，道家五術，也許以後我還搞個其他修行的，貪狼就是修行。這說明，同輩都是喜歡學習命理的。

交友戊天機忌入福德，逢生年忌→我有緣接觸到的同輩，都是腦筋打結，認死理的，充滿煩惱的，從交友看是命忌入福德啊，天機忌啊，所以就來找我了，幹嘛？算命，解決問題，心靈祈求平靜。

我現在也要常為客戶分憂解愁了……可是，在以前，連我自己都想不到會入這個門道啊！

拿你自己的命盤試試吧！絕對是真的，童叟無欺，如假包換。

第十四課

從福德宮看你寵愛什麼和挑剔什麼

個性常決定命運，什麼個性的人，常為自己展開有什麼樣的生活。所以，論命，我們第一要分析個性。我們很在意的三個情緒宮位，命代表我，個性，氣質；福德代表精神，想法；疾厄是被動的情緒反應。

命和福德比較像，都有思考能力，常主動想的。而疾厄是沒有思考能力的，是感覺對了就可以的。就比如感情這種事情，如果是命、福德廉貞貪狼祿忌的人，可能喜歡那個人，但是疾厄廉貞貪狼祿忌的人，可能感覺到了就發生一夜情了，第二天說拜拜，不考慮其他的。

福德的祿忌比命祿忌更偏執。祿，是偏執的寵愛。忌，是偏執的挑剔。什麼是偏執的祿？就是錯了，也沒事，溺愛，絕對不會懲罰。什麼是偏執的挑剔？就是我很愛很愛你，但你不聽我的，我就打。

命祿入子女→我喜歡小孩。

福德祿入子女→會溺愛哦，犯錯了就睜一隻眼閉一隻眼。

命忌入子女→代表疼孩子。

福德忌入子女→代表很疼孩子，但是不聽我話，我就打你。

福德祿入命→寵自己，不苛刻，想得開，錯了就錯了，何必和自己過不去。

福德祿入兄弟→不計較兄弟，算啦算啦，沒有兄弟代表健康經濟好。

福德祿入夫妻→寵異性，溫柔溺愛，老公外遇也可以包容，對他言聽計從。

福德祿入子女→寵小孩，寵寵物，小孩錯了，就錯了吧！小孩嘛。

福德祿入財帛→和財神有緣，興趣才華賺錢，心想事成。

福德祿入疾厄→關心自己身體，心寬體胖，懶散，怕流汗沒奮鬥的志氣。

福德祿入遷移→沈醉外面新鮮世界，很感性，流連忘返，胸無大志。

福德祿入交友→喜歡朋友，不計較，和朋友在一起聊天熱鬧，有樂同享。

福德祿入事業→喜歡工作，常能做自己福至心靈的工作。

福德祿入田宅→喜歡家庭生活，因為有福可享，所以變得很懶。

福德自化祿→想法樂觀，天真，不現實，容易被外界欺騙。

福德祿入父母→親近長輩，和顏悅色，主管眼裡的好孩子，防諂媚。

福德忌入命→對自己挑剔，自卑，杞人憂天，如果貪狼廉貞，還有各種癮。

福德忌入兄弟→很執著創業，在乎成就，也是自私，對朋友不多情。

福德忌入夫妻→對配偶挑剔，愛不到就會發瘋，愛到了還會玩命挑剔。

福德忌入子女↓會挑剔孩子，對孩子高標準，不聽話就打。

福德忌入財帛↓為錢煩惱，愛財如命，對掙錢很有慾望。

福德忌入疾厄↓自我情緒嚴重，可能有焦慮，自己傷害自己的行為，整容。

福德忌入遷移↓脾氣大，向外宣洩，不知惜福。

福德忌入交友↓挑剔朋友，只能和氣味相投的人交往，非理性交往。

福德忌入事業↓挑剔工作，沒工作就必須工作，有工作必須換工作。

福德忌入田宅↓私心很重，計較財產，城府深，對朋友不多情，家庭

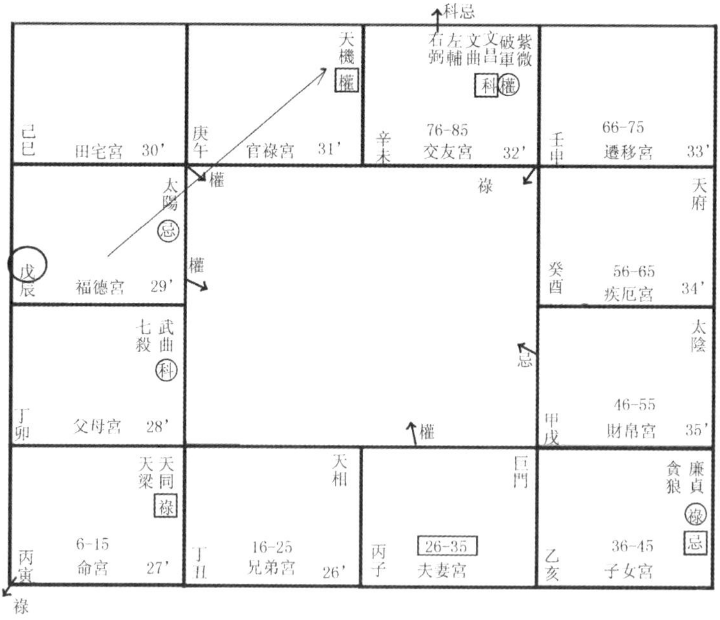

不安寧。

福德自化忌↓莫名煩惱，耐性不足，善變。

福德忌入父母↓脾氣大，向外宣洩，出言不遜，有失涵養，挑剔長輩。

福德是一個果報的宮位，忌入哪裡，就代表果報讓你那個地方不夠順遂，多了很多阻礙。比如福德忌入夫妻的人，我發現基本沒有感情順利的。福德忌入事業的人，常換工作，怎麼也不滿意。

這個命主是個女孩，從事美容的，生年廉貞祿入福德，確實還是比較適合美麗的行業的。目前大限在夫妻，福德（大限事業）轉戊天機忌入本命事業。

命主自己說，我天天睡覺都想著工作的事情，不順心我就難受，失業了我又後悔。我只能告訴她，這個是妳自己想法的問題，妳得改心，才能改命。

另外，這個社會變得太快，精神問題愈發嚴重。從飛星看，福德、命、疾厄三個情緒宮位如果戊天機忌、己文曲忌、辛文昌忌，或者三個宮位坐這些生年忌，或者3種生年忌透過轉忌入了情緒宮，那麼這個人都容易有精神格外敏感的問題，很多年輕人失眠、憂鬱，就是這種類型，人生苦吧？睡覺都睡不好。

課間十分鐘　小遊戲，是什麼讓你煩？

每天論壇都很多人，煩的不得了，來論壇呼喊求救。命理上怎麼看，什麼讓你煩？而且精確的觸動你神經，讓你無處可逃？內心波瀾激起一圈一圈，大圈套小圈，臉上紅紅，手裡汗汗？

任何宮位忌入福德，絕對讓你煩在心裡，而且招架不住。

命忌入福德：自己沒事找煩，重享受亂花錢，執一棄萬，只在乎自己想法，其他什麼都無所謂了，遇到貪狼廉貞星還可能菸酒賭色！純粹個性導致自己煩死自己。

兄弟忌入福德：兄弟讓我煩，媽媽讓我揪心，經濟壓力大，讓我煩。

夫妻忌入福德：另一半要了我的命啊！我滿心都是你，卻傷痕累累！

子女忌入福德：孩子煩，桃花煩，合夥不順利愁死你。

財帛忌入福德：亂花錢，想怎麼花就怎麼花，一煩就花錢，花光還得煩。

疾厄忌入福德：身體，亞健康，憂鬱症，產生極大情緒困擾，再遇上天機、文昌、文曲忌，那得治療一下了。

遷移忌入福德：外面讓我煩，社會不是我的，天不從我願，怕還有什麼意外傷害。天上掉下來的餡餅都比較難吃。導致我自閉和膽小。

交友忌入福德：人際讓我煩，人心可怕啊！面對人際，不知道怎麼處理，變得神經兮兮。

事業忌入福德：工作讓我擔心、憂慮，無法做喜歡的。也可能自己喜歡什麼也不知道，無方向感，迷茫。

田宅忌入福德：家裡事情、家裡人啊都會深深刺激我，在家不得安寧。田宅也是庫，最大的財庫。另外，買房問題也會糾纏我，田宅也是房子。

福德自化忌：莫名憂愁慢慢升起，情緒化的人生。

父母忌入福德：父母讓我擔心，學習讓我不開心，銀行、公職、與人金錢往來也讓我憂慮。

什麼讓你煩？你還應付不了？快來對號入座吧！別的不一定能真正刺激你，但是忌入福德的宮位是可以真正讓你用心去煩的！

第十五課

從遷移宮看你擅長和不擅長什麼

遷移是一個果報的宮位，如果你不相信，那遷移至少代表了社會，讓別人能看到你的明亮和落魄。遷移宮也是一個應對進退、待人處事、被社會評價的宮位，祿入哪一宮，代表對哪一宮的處理能力好，忌入哪一宮，代表對哪一宮的處理能力差。當然祿入的宮位，從果報來講，也是有福的宮位，常常讓你水到渠成。

遷移祿入命→容易樂觀，自己想得開。

遷移祿入兄弟→容易加強自己的工作成就，處理銀行存款上的事。

遷移祿入夫妻→應付異性的手腕好，尤其桃花星化祿。

遷移祿入子女→容易處理晚輩的事，出門在外也容易過得不錯。

遷移祿入財帛→這個人容易點子多，能找到發財的路。

遷移祿入疾厄→容易放鬆自己的身體，到處去玩。

遷移自化祿→看似到處都吃得開的樣子，圓融明亮。

遷移祿入交友→容易跟朋友、同事、客戶拉關係。

遷移祿入事業→容易有很多的點子，工作運強。

遷移祿入田宅→容易把家庭處理得一團和氣，也易發財，光宗耀祖。

遷移祿入福德→容易把自已的精神處理好，福至心靈，遇難呈祥。

遷移祿入父母→容易在社會環境中學習，討好主管，察顏觀色的能力。

遷移忌入命→你會有自閉的個性、少了點自信。

遷移忌入兄弟→容易管不好存款，還可能不會應付媽媽、兄弟。

遷移忌入夫妻→你應付異性的手腕比較差。

遷移忌入子女→不會應付晚輩或是合作，還可能外面跑一圈沒收入。

遷移忌入財帛→賺錢的路子不夠多或是投資失利。

遷移忌入疾厄→不會處理身體的事情，可能會常常有跑來跑去的亂忙。

遷移自化忌→對社會關係冷淡，老娘我就想這麼幹，你怎麼著？

遷移忌入交友→不太會跟人拉關係，不知道怎麼打交道。

遷移忌入事業→工作上的靈感比較少，也就老實工作沒什麼出色。

遷移忌入田宅→不會處理家庭關係或財產房子的問題導致損財。

遷移忌入福德→不會處理精神上的問題，或常常有外在的事情干擾精神。

遷移忌入父母→不會處理主管關係，不會察言觀色，在社會上孤陋寡聞。

善於應付什麼，不善於應付什麼？

第十六課
任何宮位忌入遷移沖命，都意味對我不利

如果把紫微斗數的命盤，比喻成為棋盤，那麼命宮無疑就是「將帥」的位置。任何宮位忌入遷移，沖命，都意味「將軍」，命宮不能被沖，沖命的宮位，意味不好，沒有福氣，和我不同心、與我分離、無緣、無法依靠、無法信賴、不利於我，甚至害我之意。

命忌入遷移→心在外面，老想混出名堂，但是為人耿直、簡單，不善交際，最好過簡單生活，複雜人事局面處理不了。

兄弟忌入遷移，沖命→和兄弟無緣，兄弟發展平常甚至不好，不能依靠兄弟，錢大筆散到外面，支出過多呈現經濟窘態，不宜生意和賭。

夫妻忌入遷移，沖命→和配偶不能同心，配偶無法幫助我，貌合神離，婚姻多波折。也有暗地的夫妻，沒有名分之意，外面看到沒面子。

子女忌入遷移，沖命→孩子遠離我，養兒未必能防老，合夥不順，晚輩緣差、桃花也少。

財帛忌入遷移，沖命→賺錢能力差，不會賺錢，少心機，不善交際，錢都支出在外面，不宜做生意和賭。

疾厄忌入遷移，沖命→身體差，工作環境也危及健康，個性急躁，外面容易遇到磕碰和危險。

遷移自化忌→不善交往，獨來獨往，特立獨行，動不動就「老子怎麼樣」。走到外面也不受歡迎，絕不是和顏悅色之人。

交友忌入遷移，沖命→不善逢迎，知己都在遠方，犯小人，近身的人未必靠得住，人來害你，你未必知。

事業忌入遷移，沖命→不善交際，工作運差，工作等級不高，最好安定上班，不宜生意。

田宅忌入遷移，沖命→沒有祖蔭，無法享受家庭福，庫散掉，有家道不興之象。重者還可能身背債務，不得不離鄉背井。千萬不可賭。

福德忌入遷移，沖命→自己不惜福，個性外洩，暴躁，招惹是非，福德也是果報，容易有病痛災禍。

父母忌入遷移，沖命→父母條件差，難以庇蔭我，感情不融洽，容易早年就離家，和政府公家也有無緣之意，自己學習經歷也坎坷。

相反的，任何宮位祿入遷移照命，都意味庇蔭我，讓我愉快，讓我臉上有光彩。

第十七課 任何宮位忌入父母，都有不體面之意

前面已經說過，遷移和父母，是一個人形於外的宮位，是被人一眼看得到的宮位，社會交際層面的宮位，所以任何宮位忌入遷移和父母，都有不好，讓人瞧不起，社會認同度低之意。任何宮位忌入父母，都沖疾厄，也意味和我身體緣分不夠。

命忌入父母→脾氣不好，常鬧脾氣，與人爭執，沖疾厄，氣多就容易生病。

兄弟忌入父母→我開支過大，會有貸款等問題，借錢給人難收回，經濟不好。兄弟容易多病。

夫妻忌入父母→配偶脾氣大，有婚姻之名卻分居之象，或者無名分卻同居（桃花星），所以才會有不體面，上不了台面，社會評價不高之意。也有配偶身體不好、多病的可能，因為配偶和我身體無緣。

子女忌入父母→小孩脾氣不好，不受教，不喜歡學習，讓我操心。小孩多病。

財帛忌入父母→多支出，掙錢少，存不下。容易借貸，與人金錢往來不順利，拖拖拉拉，鬧得很不好看。

疾厄忌入父母→脾氣快，少耐性，容易生病。

遷移忌入父母→不善於察言觀色，不利於外出，外出身體還常水土不服

交友忌入父母→朋友有不懂禮貌、出口成髒不受教化之人，還容易生離死別。

事業忌入父母→事業不亮麗，和公職政府緣分少，難有大發展，還可能有官司文書麻煩，不受社會認同，事業沖疾厄，疾厄是事業的田宅，會有不適合經商、開工廠之意，應踏實上班。

田宅忌入父母↓搬家，退產，經濟不穩，拖欠銀行貸款，不可幫人作保，人生多起伏動盪。家族門風不好，社會對家族評價不高。

福德忌入父母↓個性激烈，出言不遜，不惜福，招惹是非，傷身體。

父母自化忌↓不虛心，不受教，不討好，長輩緣、公家緣都不好，也不孝順長輩，不給人面子，給人沒有禮貌風度的印象。

第十八課

祿忌成雙，雙倍佔便宜或倒楣

說到祿忌成雙，我們先得分清一個概念，就是我宮和他宮的概念。否則，誰佔誰便宜啊？都不知道，呵呵。

我宮：命宮、兄弟、財帛、疾厄、事業、田宅、福德。

他宮：夫妻、子女、遷移、交友、父母。

注：如果有兄弟，兄弟就代表我六親宮位，但目前大多是獨生子女，所以，我們就不把兄弟宮做為他宮了。兄弟代表銀行存款，我的經濟位、庫位。

例如，我田宅坐生年祿，交友飛來忌劫（必須同星），對我而言，田宅被劫了，我雙倍損失，對於交友來講，劫了我的庫，是雙倍獲利。相反，交友坐生年祿，我田宅飛忌去劫（必須同星），我就佔了朋友便宜了，可能租房不給錢都沒事。

再如，交友坐生年忌，財帛祿入（必須同星），那你借錢給他就別指望還，我財帛坐生年忌，交友祿入（必須同星），朋友都給我送錢帶財，我又特別在乎錢，抓住了就不放手了。

忌入逢生年祿，祿入逢生年忌（同星曜），祿忌成雙祿或者雙忌，是一種不公平、不禮尚往來的形態，最容易引起爭議和是非。大家不要覺得自己佔便宜就是好，其實很多人際麻煩都是佔便宜而起的。你佔了便宜，也許惹了官司，最後損失了大財，都是有可能的。另外，祿忌成雙，必須同星曜祿和忌，一個宮位祿忌相交在不同星曜，就不能做這個結論。

我給大家找了2個很好的例子，也是關於感情方面的得失。

吃死男人虧的典型命盤

夫妻宮坐癸貪狼生年忌↓遇人不淑，貪狼，桃花星化忌，明顯的欠情債的意思。

命戊貪狼祿入夫妻↓對異性溫柔多情，不設防。

祿逢到忌，有去填無底洞之意。命祿被夫妻的生年忌，緊緊抓住。祿忌成雙，夫妻得到雙祿，我得到雙忌。

這個盤，28歲，已經離婚一次。還

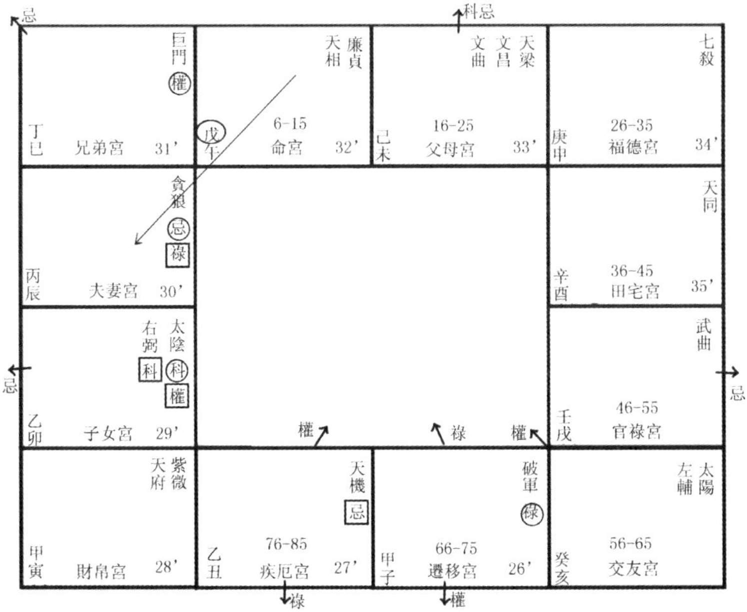

可以再結婚嗎？當然可以，生年忌在夫妻宮，欠債要還，不難遇到債主。只是，只要遇到男人，必定吃虧。

同樣的命盤，師父曾經講過。命主是一位女性，已經結3次婚了，都離掉，來問我師父，能不能再結婚。師父說，可以，只要不怕再吃虧。意思是說，您就別自尋煩惱了，呵呵。

你說，世上的事情，真是註定的？

男人遇到她，就要吃死虧。

剛才，講了一個被男人吃死虧的命盤。這裡再放一個正好相反的命盤。

生年甲廉貞祿坐夫妻宮↓異性緣好，異性對我好，遇到異性的素質不壞。

命丙廉貞忌入夫妻宮↓我執著感情。

夫妻宮丙廉貞自化忌↓在意，又不時會忽略男朋友的存在。自化忌，生出很多變化。是一種反覆，無原則。可能對異性的交往也是反反覆覆。

夫妻宮的生年祿會被命忌緊緊抓到，夫妻的祿就被我宮挾持了，祿忌成雙，對我是雙祿，對異性是雙忌。

命主本人，模樣可人。喜歡她的男人很多，都孝敬她，還為她打過架，鬧過是非。但是，她很享受這種被追求的感覺，常不關心他們，不在乎他們，男朋友也走一個再來一個。命主從來沒有為感情傷心過，都是她提出分手……不過，說實話，這樣的祿忌成雙必然引發人事問題，不是一種好事。所以，命主也36歲了，仍沒結婚。

其實這個夫妻宮，這也屬於我們之前講的特殊宮位，當一個宮位有生年四化，又有命四化還有自化就構成了複雜的局面，意味著多變，複雜，難成。

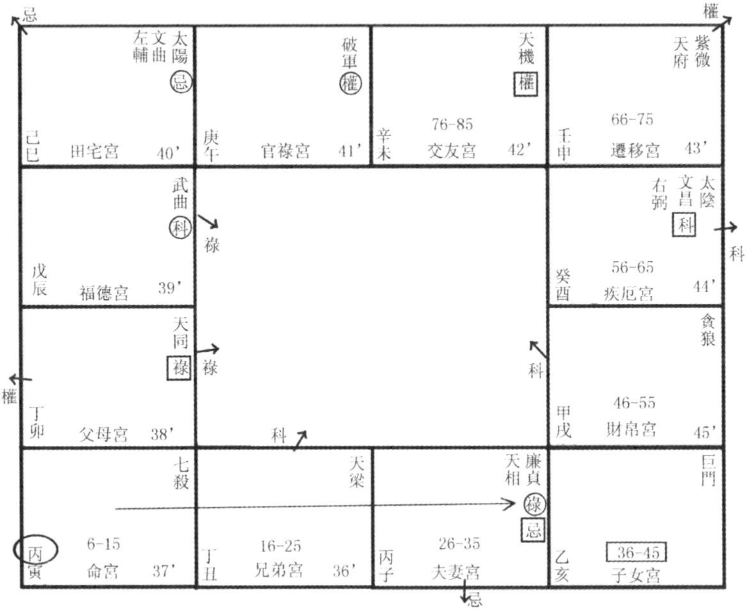

第十九課
自化祿和自化忌

自化是什麼？大家還記得吧！就是命盤上，那個由宮位向外畫的紅色箭頭。比如這個宮的天干是乙，天機又坐這個宮，乙天機祿化不出去了，就是自化祿了。幾乎每個人的命盤都有某個或者幾個宮位自化的現象。自化很特殊，所在宮位就會引起很多的變化，我們這裡單獨講講自化。

自化祿：看起來很友善，對那個宮位有天真的想法，不設防，容易被其他宮忌進來劫走，造成我被騙，人財兩失。

自化權：強勢，有能力，看起來挺唬人，一會兒就過去了，紙老虎一隻。

自化科：看起來文質彬彬，也斯文講理。

自化忌：看起來無原則，反反覆覆，容易中斷和消散，有留不住之意。

自化都有不紮實、容易消散的特點。自化祿和自化忌都容易引起人生的損失、顛簸、反覆和爭戰。

1、自化祿，看起來不錯，也會對那個宮位有天真的想法，但容易被其他宮劫走。A宮忌入B宮，B宮自化祿，同星，祿隨忌走，自化祿就被A宮劫走了。A宮得到，B宮損失。（要區分我宮和他宮）

圖中，遷移庚天同忌入命，劫了命丙天同自化祿，命主想法天真，情緒受外面影響大，也常會相信外面的人，遷移就是社會，也很容易被社會欺騙。如果換成交友的忌來劫，容易受到身邊人的欺騙。如果換成夫妻宮的忌來劫，容易被異性欺騙。

2、自化忌：看起來無原則，反反覆覆，容易中斷和消散，有留不住之意。

比如命宮自化忌，處理事情無原則，半途而廢，反覆無常。還有固執的個性，不容易聽別人意見，不知道為自己打算，所以很多機會抓不住。但好處是自化忌的人常大咧咧，得不到就算了，不記仇記恨，多是大方人。

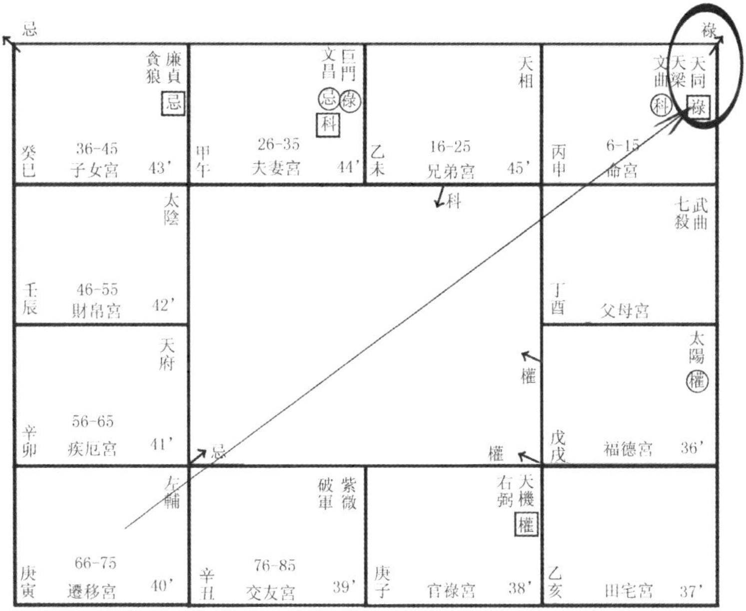

兄弟自化忌，銀行存款留不住，全花掉。

夫妻自化忌，忽略了配偶。或者感情也容易留不住。

子女自化忌，對孩子不用心，教育不得當，孩子和我不親不聽話，合夥不長久。

財帛自化忌，錢來了，還沒握熱，都花出去。

疾厄自化忌，有病急手術切除某器官之意。

遷移自化忌，對外面的意見不理不睬，不記取教訓，我行我素。

交友自化忌，友情不常，經不起考驗。

事業自化忌，工作不穩定。

田宅自化忌，家庭不同心，財產不斷流失。

福德自化忌，常有莫名煩惱和憂愁。

父母自化忌，對長輩不理睬，不聽話，不孝順，沒禮貌。

A宮祿入B宮，逢B宮自化忌，同星，就引起祿忌交戰，這個祿於A宮可能就肉包子打狗出去了，於B宮是佔便宜得到了。（要區分我宮和他宮）

命祿入交友，逢交友宮自化忌，那你用熱臉貼朋友的冷屁股，人家還不理你。會產生相當大的人際困擾和衝突，友情難留住。

田宅祿入夫妻，逢夫妻自化忌，要是把財富給異性，也別指望還回來，這種要是離婚還得損很多財的。最終會為財產交戰，家難留住。

無論是自化忌還是生年忌，逢他宮同星曜祿入，都有填不完無底洞的意思。另外一個宮位，豈能不受損？不爭辯？不維權？一定會祿忌交戰，打得不可開交。

自化祿和自化忌出現的地方，就生出很多變故來。尤其2個宮位，最怕祿入逢自化忌，忌入逢自化祿，都是交戰，衍生出很多人際是非，衝突，爭鬥，最後事情也成不了，生年祿的宮位自化忌，生年忌的宮位自化祿，都意味祿忌交戰，產生2忌力量沖到對宮。所以，遇到這種情況一定要小心這個宮位的破壞力。總之，自化忌和自化祿的宮位，都是善變的，都不穩定，不可掉以輕心。

命盤自化祿、自化忌達5處以上，就算破格，主此人個性反覆，浮躁，多變，勢必影響舉止、作為和成就，人生起伏很大。

第二十課

情聖or情剩

情聖?這世上有情聖嗎?我沒遇到過，算命中，我遇到一堆情剩，把婚姻攪得亂七八糟，全都是感情過剩。我們一起來看看，什麼人容易執著於感情或者執著於情慾，這些都屬於不能理性處理感情問題的人，所以一團糊塗。

看一個人是不是個多情種子，要看他的命、福德和疾厄祿或者忌有沒有串聯桃花星（廉貞、貪狼）或者這3個宮位直接坐上貪狼、廉貞祿或忌，再加上一種命忌入夫妻的。只有情緒位串聯桃花星了，才容易執著於情，容易動情，每天都想著感情的事。福德和命的祿忌是情感方面，要動腦子的，疾厄的祿忌有時候是感覺對了就直接上床的。

師公總結過三種情剩的情況

1、命坐甲干而福德丙↓命甲廉貞祿，福德丙廉貞忌。

2、命坐癸干而疾厄戊↓命癸貪狼忌，疾厄戊貪狼祿。

3、疾厄坐癸干而福德戊者↓疾厄癸貪狼忌，福德戊貪狼祿。

師公說：以命、疾厄、福德皆為我情緒宮，呈既多情又執情的複雜情聖（剩），只怕會造成新人笑，舊人哭！可以每次的當下：你是我的全部，但不是我的唯一。

多情反被無情擾

這個命盤，是一個27歲小姐的盤：

福德戊貪狼祿入交友，疾厄癸貪狼忌入交友（對朋友執著）。

還命丙廉貞又忌入子女（性的宮位），逢到夫妻的甲廉貞祿（代表男人給她機會）。

好多情，好多情——目前的情況，是男友劈腿，讓她人財兩失，她還很執著於上段感情，很痛苦，一直走不出去。

我們前面已經學習了祿忌成雙，其實這個也是個好例子。福德戊貪狼祿，被交友生年貪狼忌吃死，意味很容易遇到壞男朋友。信用卡放在男友手裡，你說，這不是傻得要命嗎？

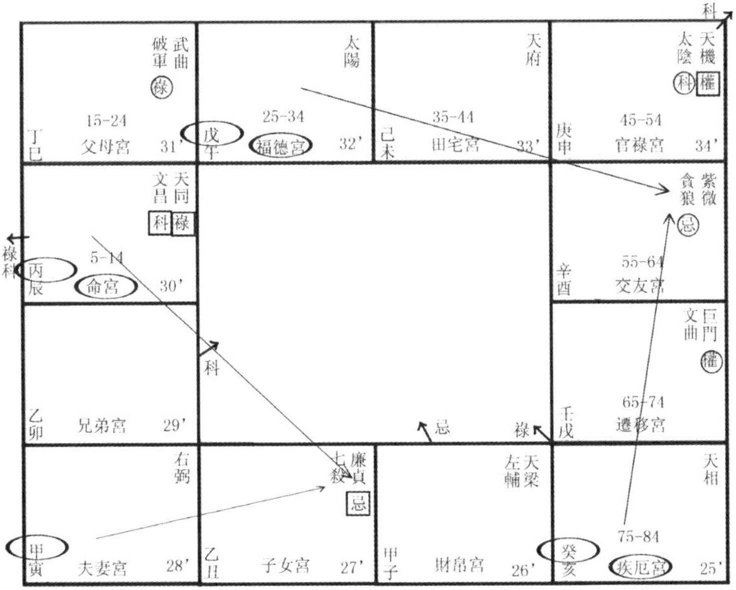

桃花一堆，結婚難

比如，這個也是難結婚，為什麼呢？除了夫妻宮有生年忌，有情債外，他機會實在太多了。交友宮坐甲廉貞生年祿，就是福，有桃花的福，朋友都是美麗的，有桃花氣質的，也都是多情的。

命和福德都丙廉貞忌入交友，劫了祿（上面學了祿忌成雙）↓我執著於愛情，有需要激情，有豐富的感情細胞，需要的感情量很濃厚，朋友給我很多機會啊，她們都迎合我，都和我風花雪月一場，最終也沒能結婚的。當然，桃花多，這也是情債吧！

這個來算命的男孩子說，不想繼續這樣下去了，真的想專心找個人結婚

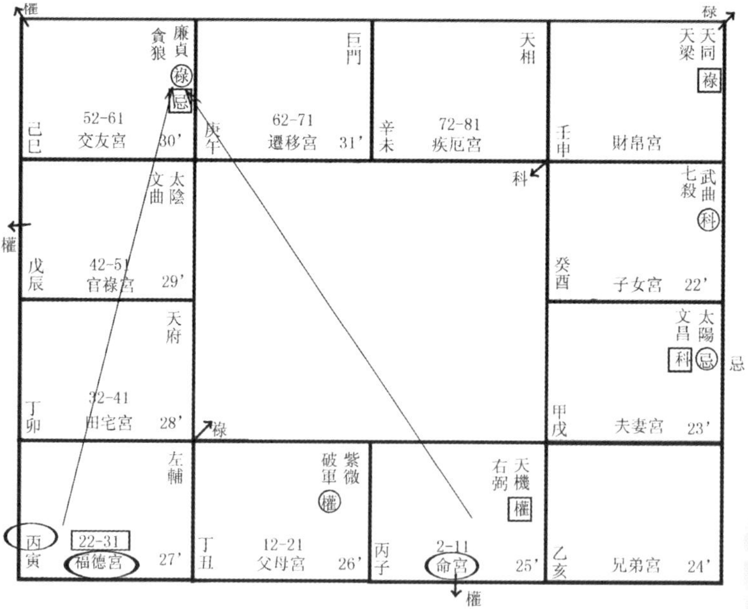

了，踏實過日子……想結婚？夫妻宮生年忌又自化忌，婚姻維持起來難啊！有人的情債是沒有對象，有人的情債是桃花太多，這個世界真是有意思！

命忌入夫妻

除了這種命、福德、疾厄廉貞貪狼祿忌的情況外，還有一種是命忌入夫妻的，也是相當執著感情的。那真是視異性為生命的。福德忌入夫妻，還會愛恨交加，愛不到，會去死！

命己文曲忌入夫妻

福德己文曲忌入夫妻

夫妻坐太陰生年忌，轉丁巨門忌入命，就是男人來討債。

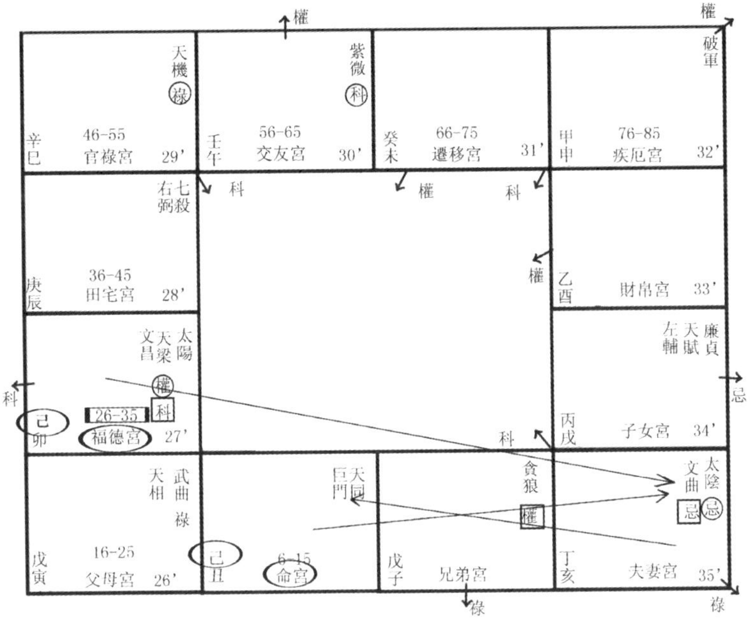

命和福德，都是一個人的情緒反應宮，命忌代表一個人的執性，一個人最在乎什麼，福德的忌，也是有執著和挑剔的意味，甚至，愛不到就給你死。也就是說，這個女孩子，太在乎異性了，人生的一切都以異性為先。然而生年忌在夫妻宮，容易遇人不淑，遇到的男人，素質容易不夠好。夫妻宮攜生年忌忌回命宮，代表欠情債，遭男人來討債，情緒受到百般糾纏，痛苦不堪。2007年，踏生年忌和命忌，那一年，她因為感情事情格外痛苦，因此找到心理諮詢師諮詢。我說，妳晚點結婚吧！否則痛苦。她有一段時間天天跑來問我，我真的必須晚婚嗎？我跟他在一起難受死了，我又離不開他……我暈倒，真是沒辦法。

第二十一課 紫微斗數看你適合做什麼

紫微斗數能斷出來的職業，基本也是你早晚能做到的，也基本是你喜歡和擅長的，目前這個競爭的社會，你要是對某項工作很頭痛，天天惹禍挨罵，估計你也做不下去的。一般30歲左右來算命的人，這點看得比較明顯，如果20出頭的人還不明顯。當然，如果真是有經濟壓力為了五斗米折腰的，可能也就不準了。

斷職業要看宮位和星曜，星曜非常非常非常重要！

方法1 看事業宮和財帛宮的祿忌

1、事業宮坐什麼星，不過單看這個基本斷不對。

2、事業宮化祿忌到什麼宮什麼星。

3、財帛宮坐什麼星，不過單看這個也基本斷不對。

4、財帛宮化祿忌到什麼宮什麼星。

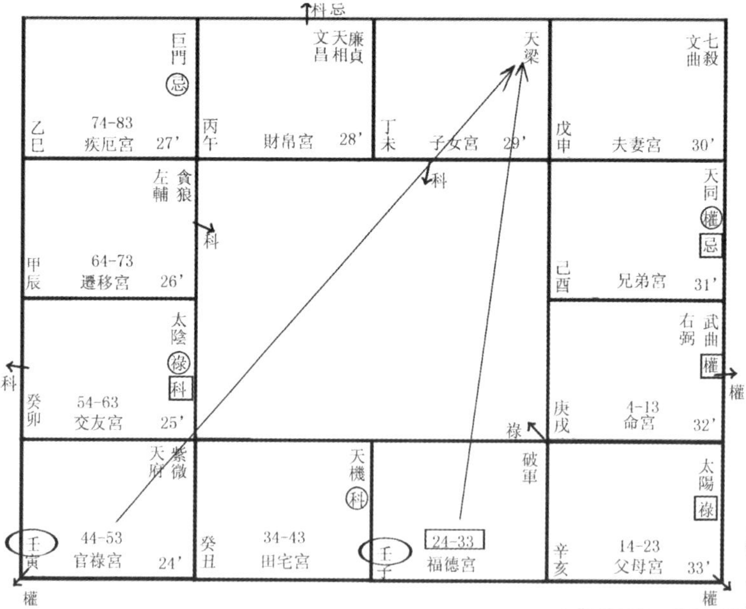

舉個網友的例子。

網友：請紫微白娘子老師幫我看看事業如何。

回答：我是覺得，你的工作容易和晚輩、合夥、親戚、寵物有關。你目前這個大限也容易關心晚輩或者合夥。也算是滿有善心的一個人了。當老師是很好的一個選擇。你可能也很想創業。子女宮對你一生的影響比較大的，你可以多關注一下這個網友：回覆 椅子 紫微白娘子 的帖子

首先非常感謝老師能給我說這麼多。

就老師的話而言，我是有創業。去年開始的，但是一直到現在都沒賺錢。做的是外語培訓。當然我也是老師了。呵呵。不知道這個行業將發展的如何？

如何看的呢？事業和福德都壬天梁祿入子女。天梁，蔭星，容易是善良和教育的。事業祿入子女，事業和子女發生親密關係，轉丁巨門忌入疾厄，天梁巨門，動口之意，福德祿入子女，寵小孩，喜歡小孩子的天真。從個性到事業，都是和子女有關，當然容易做晚輩的工作啦！

這個是最簡單的辦法，當然有時候是不一定靈的……

方法2、看命主的個性

還有一種方法，就是看個性，你喜歡什麼，就容易做什麼。

比如，命丙天同祿入事業（財帛），可能就是做天同有關的工作，有醫生、護士就是這種飛化。

命甲廉貞祿入事業（財帛），可能就是做美術設計的，或者園藝、演藝。你說廚師做飯不算才藝嗎？廉貞是才藝或者演藝，廚師也要有才藝。

命戊貪狼祿入子女，還可能是做老師的。貪狼是教育。

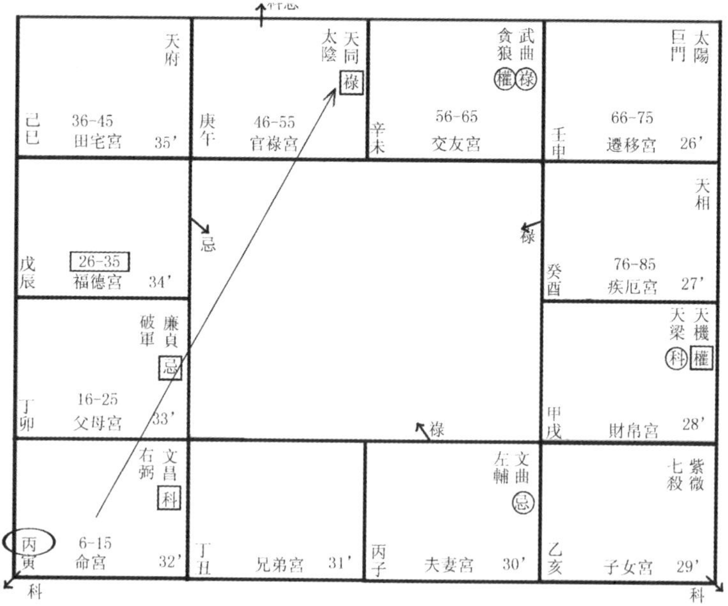

命乙天機或壬天梁祿入交友、福德、遷移、子女，可能一輩子從事宗教命理的工作。天機和天梁都是宗教星。

這個是當了十幾年的護士。命丙天同祿入事業，代表不積極也能做得不錯，天同，醫療，餐飲。她做得不錯，都當上護士長了。

方法3 生年祿的強大魔力

更靈的，準確度相當高……其實，我是捨不得透露滴……暴殄天物啊……當然，透露了，你也得先會背10天干化曜法才能玩轉起來，不是隨便對對表就

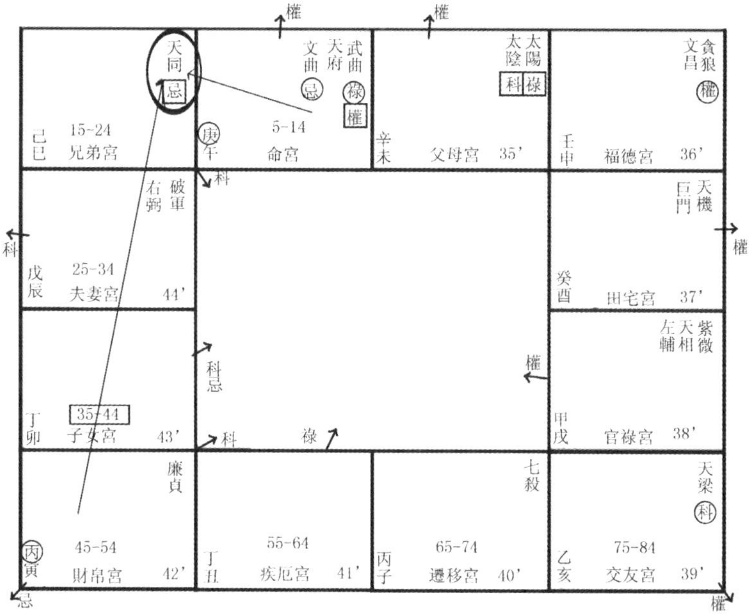

行的……紫微的功夫嘛，不是一日練成的啦！

命理就是這樣，不說都不會看，一說破就不值錢了。

這個方法是：通常生年祿就是你命理最大的福，也是你最出色的地方，就容易是你的職業。另外，第二章我們所學的，生年祿三宮交祿，如果生年祿能和事業、財帛交祿，基本絕對就是靠的生年祿吃飯的。生年祿的星和轉忌的星是非常非常重要滴～

猜猜這個做什麼的？

生年己武曲祿在命，轉庚天同忌入兄弟，逢財帛丙天同祿來會（這是我們第二章說的生年祿的三宮交

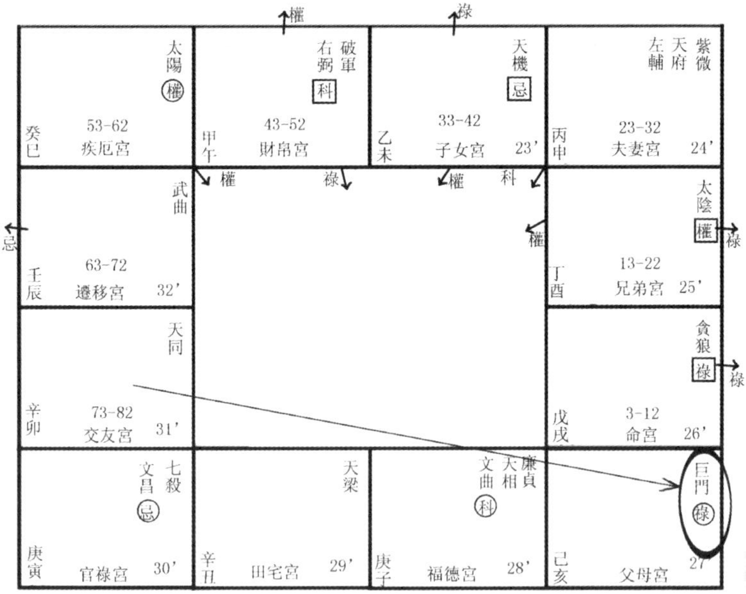

祿），這個就是做武曲、天同的事情的。

早年酒店工作，現在自己創業，做醫療物流。

天同：服務業、美食餐館、自來水、醫院醫療。

當然人家是老闆自己管財的。武曲正財星做命，腦子也是很有數字財務觀念的啦，不是所有人都能創業的，比如我，就數不清數——考物理數學都不及格……

再看這個。他是自由業，也是客座教授，自己有一門技術，公開講課。

父母宮巨門祿啊，父母是表達的宮位，還巨門生年祿，仍然是動口。交友

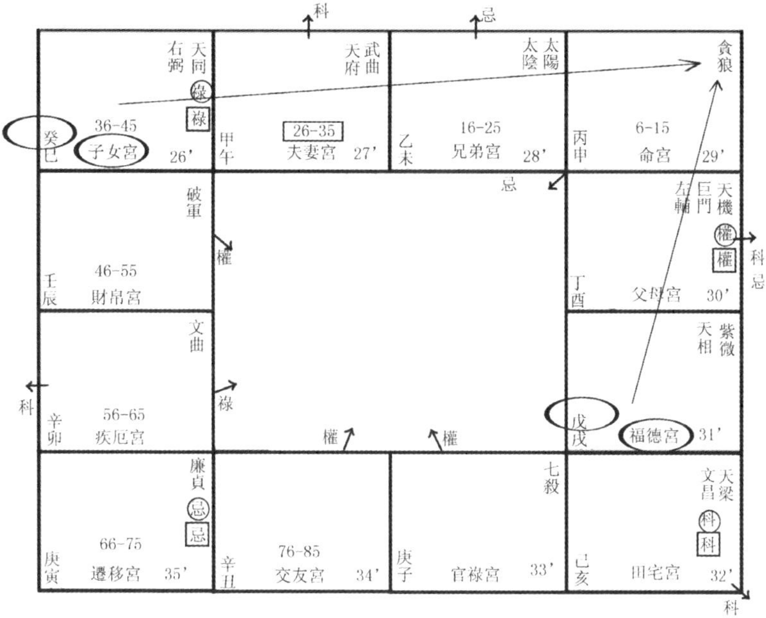

辛巨門祿，逢巨門生年祿在父母宮，很多人聽他說話。這個直接就是看生年祿定職業，很簡單吧！

比如這個盤，就是做老師的。子女宮坐天同生年祿，有晚輩的福，轉癸貪狼忌入命，逢福德戊貪狼祿來會。子女和福德3宮交祿，喜歡孩子啊，中間還涉及到了貪狼星，教育，天同星，和氣，所以，她也是老師啦！

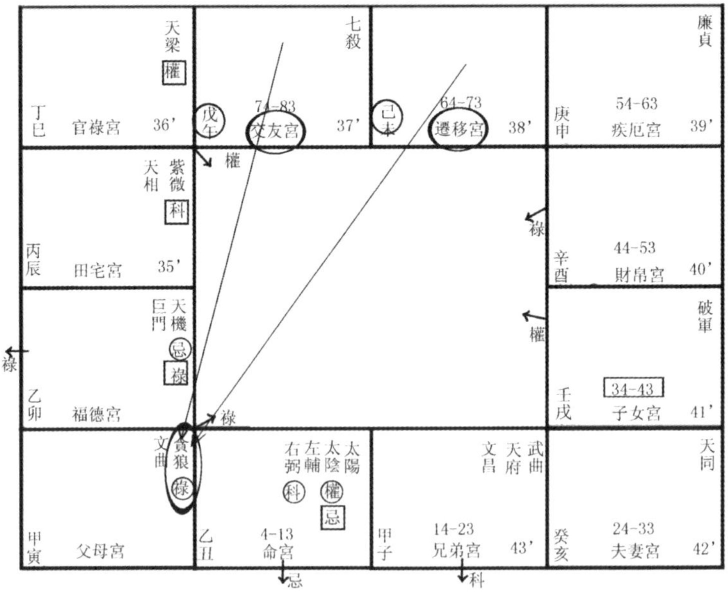

方法4 交友宮和遷移宮交祿權

遷移代表社會，廣大姻緣，交友代表人際的力量。遷移的祿會交友宮的權在一顆星上（遷移和交友同星耀交祿權），常代表這方面，你可能有長處，容易比別人做得順利，或者這方面有點優勢。

交友戊貪狼祿入父母，遷移己貪狼權入父母，我們說交友和遷移交祿權在生年祿上，我就是做貪狼工作的啦！貪狼，才藝，命理，教育。轉甲太陽忌入命，透過做貪狼的事情，把快樂帶到我的命裡來，太陽也化祿，網絡，媒體。目前，在網上做命理的事情。命中註定吧……人有時候難逃宿命。

如果遷移和交友交祿權在田宅三方和命三方，常能有利於財產和地位。如果交祿權在交友三方，偏向於人際的熱鬧，人際交遊而得樂。

當然，最後一種方法，就是以前講過的，用大限事業或大限財帛的祿和忌到的星的性質判斷大限內從事什麼行業。雖然生年祿常和職業掛鈎，但是並不表示你一開始就能做到生年祿的工作。所以，用大限財官的祿和忌也可以觀察階段性的財路。

第二十二課 如何知道他「城府很深」

如果田宅、兄弟、疾厄、財帛有單一生年忌，那麼這個人，比較傳統保守、內斂，對錢比較有概念，屬於不容易和人多熱絡的，但是也談不上自私。

如果單一是命忌入田宅、命忌入兄弟、命忌入疾厄、命忌入財帛，也是比較顧家的，在意成就的，自我情緒有點嚴重的，每天都認認真真掙錢的，也說不上就是自私。以上這些是認真做事、勤儉持家的，往往容易積少成多，勤而致富。

有城府的學理是這樣的：

第一種

如果田宅、兄弟、疾厄、財帛有生年忌，又命或福德再忌入，這個就容易產生自私感了或者老謀深算了。比如，田宅生年忌，命忌入田宅，造成田宅2忌，沖交友三方，這個就是自私了。自私不僅不一定真能有錢（庫位就有2忌，受限了），但確實常常家宅不寧不能享受天倫。自私的人，不一定有好的結果。

第二種

如果命或福德忌入田宅三方（田宅、兄弟、疾厄），再轉忌入田宅三方（田宅、兄弟、疾厄）或者財帛，那也是城府深。如果忌星是廉貞、貪狼、巨門就更是貪心。有些女人找有錢老公就這個飛化的。

第三種

如果先是命或福德先忌入財帛、事業，再轉忌入田宅or兄弟or疾厄，那是標準的會因為掙錢而害人的。這兩種人，我都見過他們耍花招騙人，說的都跟對方親人似的，其實是騙錢而已，錢到手了，感情就不用再提了。悲劇！

第四種

如果命、財帛、事業坐生年忌，再轉

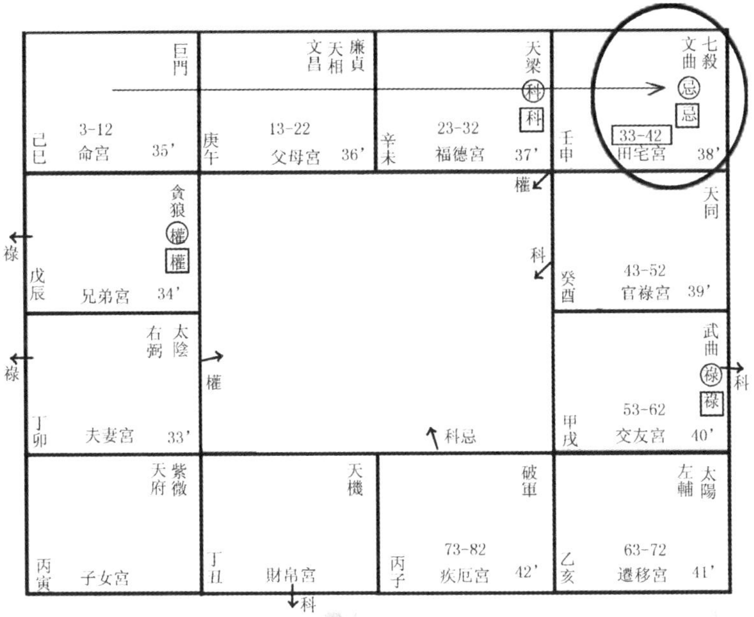

忌入田宅三方（田宅、兄弟、疾厄）容易愛自己更多，愛別人少點。不可親近。

這個就是有城府的典型，命己文曲忌入田宅，逢田宅生年忌，2忌。沖子女，交友三方之一，這個就屬於私心比較重的人了。

我們再比對看看城府淺的人

第一種

生年忌坐交友三方——父母、交友、子女，一般是重情義的，也有點欠人際債的。

第二種

命或福德忌入交友三方（父母、交友子女）再轉忌入交友三方（父母、交友、子女），都是惜情重義的。

第三種

遷移忌入交友三方（父母、交友、子女），遷移是待人處事的宮位，這類人城府會特別淺，不知道如何應付人際關係，不會看臉色，有麻煩更不知如何解決，只好宅在家，躲著是非。

第四種

命祿被遷移或者交友的忌劫走的人，常人家說什麼就信什麼，外面傳什麼就信什麼。命、福德自化祿被遷移和交友的忌劫，是一樣的。如果被夫妻的忌劫，容易被異性騙。祿忌成雙、祿隨忌走的前提是同星曜。

第五種

自化忌的人無執，不善於把握自己利益，不得到也無所謂失去是他們的口頭禪，或者命盤自化忌多於3處的人，常也是大方之人。

重情義，就是要沖對宮，沖了自己田宅三方，所以，重情義之人常常花錢破財，讓自己人生產生變動。也有人因為情義讓自己傾家蕩產，適度是最重要的。

這個命主，命壬武曲忌入父母，轉癸貪狼忌入子女。是很孝順父母，很疼愛子女的人，但是沖財庫厲害，有錢都花掉。命忌入交友三方，必定沖田宅三方，庫位。

還有一種，就是比較善良厚道的人；

命、福德、子女坐下天梁生年祿或者天機生年祿或天機生年忌，常比較善良，有佛緣。天梁，佛法，天機也是佛法、命理。

命、福德、子女飛化出天梁祿或者乙天機祿、戊天機忌的，不管是祿入什麼宮，常比較厚道、善良。

或者某宮有天梁、天機生年祿，轉忌入命、福德、子女，也是常會有善良舉動的，比如佈施或者愛護小生物的（子女，

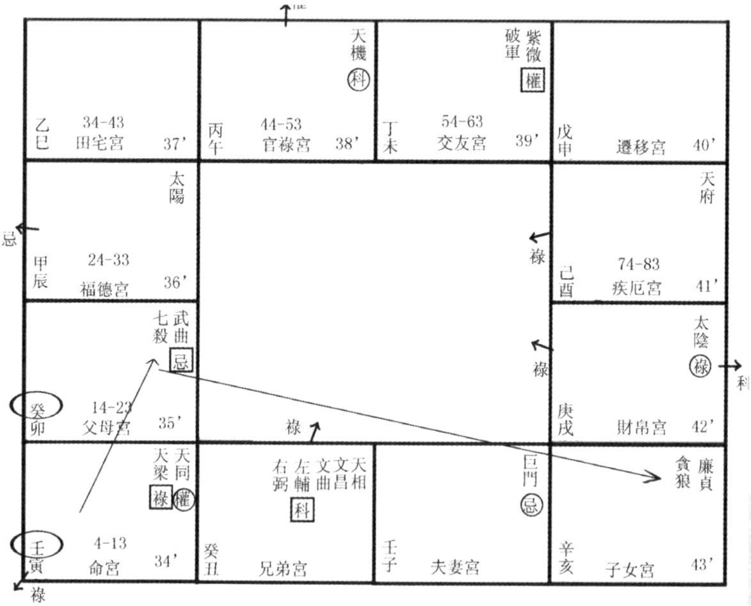

也是代表寵物的）。愛護寵物的人，常是善良之人。

有時候聽一個人說話，可能霧裡看花，有真有假，但是看到命盤，大概如何，就心裡明瞭了。人會說謊，但是，命盤不會。

第二十三課
遇到人不打招呼命盤

這個社會是人際的社會，人際交往有多重要，大家都有體會吧?老實耿直的人不吃香，圓融善攀緣的人才吃得開。人際好壞有時候也是個性決定的，有人天生愛熱鬧，有人天生喜清靜，其實也沒什麼正確錯誤，只是我們可以根據個性選擇自己適合的工作和方向。如果你有下面的個性，自己就檢討著改善改善吧！不打招呼，還是沒禮貌滴！

第一種 高傲

福德見權的人，通常比較自大，自己覺得自己是個人才。

兄弟見權、見忌的人，常常把自己當老闆，有了決定，告知別人即可。

遷移、父母自化忌的人，常常老娘我說了算，不理會外面。

父母見權、遷移見權的人，也常很強勢，惹事生非。

第二種 宅男宅女

遷移忌入交友三方，再轉忌入交友三方，往往不善於打交道，也不會看眼色。

比如遷移忌入父母，再轉忌入交友。

遷移忌入命，再轉忌入交友三方，或者先忌入交友三方，再轉忌入命，本身有孤僻的個性。

第三種 害羞老實

遷移有忌或者父母有忌的（包括命忌或者生年忌），都是臉皮特別薄的，常害羞，遇到熱鬧更是容易躲起來，說話就臉紅。

第四種 超級不自信

福德忌入命、遷移忌入命都有不自信的情況，害怕見人，最好不見人。

第五種 發愣

命或福德坐天機生年忌，或者命或福德戊天機忌，天機代表腦筋打結，鑽牛角尖。他不理你可能是因為發愣吧！前面的事還沒琢磨過來呢！

第六種 視力問題

太陽生年忌、太陰生年忌的人常有視力問題，看不見，對不起，沒辦法。

第二十四課

如何看美若天仙

漂亮，絕對是一種福分，對男人和女人都一樣。

看一個人漂亮不漂亮，主要考慮父母和遷移兩個形於外的宮位，是別人一眼就能看到的。

1、父母宮或遷移宮坐貪狼、廉貞生年祿、太陰生年祿的人，自化貪狼廉貞太陰祿也可以，都是具吸引力的，臉蛋漂亮。

2、父母、遷移飛化戊貪狼祿，或者甲廉貞祿，或者丁太陰祿（嫵媚的穿花蝴蝶）到任何一宮，都是漂亮有魅力的，可能很有公關氣質的。

3、生年貪狼、廉貞祿、太陰祿在任何一宮，透過生年祿的轉忌，把祿帶到父母和遷移，也是漂亮。

4、貪狼主靜，是才藝，是氣質，是端莊，琴棋書畫，並不一定性感。廉貞主動，唱歌、跳舞，是很性感的一顆星，一看就讓人容易有慾望。太陰是非常有女人味的，豐滿、白皙、玉潔冰清的感覺。

5、但是，父母和遷移這樣還不足以說明這個人有魔鬼身材，那麼怎麼看身材好呢？貪狼祿、廉貞祿還得和疾厄發生關係，才大概會有招蜂引蝶的身材，呵呵。比如遷移坐貪狼生年祿，本來已經漂亮了，轉忌入夫妻，逢疾厄祿來會，這個是前面講的生年祿的三宮交祿，還記得嗎？貪狼生年祿還讓疾厄變得更嬌媚……當然是魔鬼身材。

6、廉貞、貪狼生年祿在父母和遷移，轉忌到田宅、兄弟、財帛，比較因為形象好而賺到錢，做公關工作無往不利。生年祿三宮交祿涉及到貪狼、廉貞、太陰和上述這些宮位，也同樣意思。

7、廉貞、貪狼生年祿在父母和遷移，轉忌入夫妻、交友、子女、疾厄，可能異性緣好，人氣很高，感情也容易複雜，性方面享受多，可以走桃花路線。生年祿三宮交祿涉及到貪狼廉貞和上述這些宮位，也同樣意思。

8、最簡單的，夫妻祿入命，代表異性喜歡你，你也一定不難看吧！

9、如果已經很漂亮了，但父母和遷移宮又坐個忌（生年忌、命忌，無星星限制），就容易是冰山美人，表情常冷淡，一說話就羞澀，見到異性總裝出嚴肅的樣子來掩飾自己的緊張，其實內心還是相當嚮往愛情。

10、其實對男人來講，不用多漂亮，遷移、父母坐個科（生年科或者命科），文質彬彬，書生氣質，就足夠吸引女人的了，甚至比漂亮還吸引。

11、左輔、右弼、文昌、文曲都有吸引人的文化特質，無論坐命宮，還是夾命宮，還是一個坐命一個坐遷移，都有知識淵博、文人學者的感覺，不管你肚子裡面是不是真有墨水。面試的時候，這幾顆星最有用了哦，比漂亮還貢獻大呢！

有人問我，什麼時候戀愛，怎麼老是沒人喜歡自己啊！我說這個盤，不至於沒戀愛啊，明年就可以戀愛！結果他一激動發了照片，我就說，你還是減減肥吧！你太胖了，也不容易找對象，是吧！有時候，這個也不是命盤都能決定的吧！我們還是得把自己弄勻稱點，你說，是不？

呵呵，網友有時候特別逗！網上論命，過程很有趣的！

漂亮1

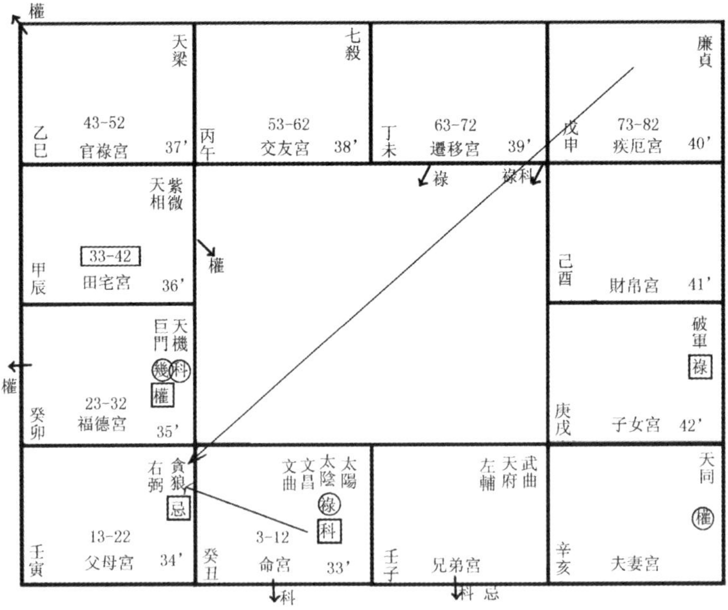

這個女孩子是個空姐。命坐丁太陰生年祿，轉癸貪狼忌入父母，把太陰祿的力量帶到貪狼上面（別看是貪狼命忌，其實，是把生年祿的力量透過轉忌帶過來了），逢疾厄戊貪狼祿來會。也就是說，父母宮有太陰祿和貪狼祿的力量，當然是漂亮，太陰，是女性的，豐滿的，皮膚很白的，貪狼是嫵媚的，逢了疾厄的祿，身材，也是一流的。當然，這個也是冰山美人，你知道為什麼嗎？這樣的女人，當然有男人孝敬的。

漂亮2

這個命盤的命主是一位話劇演員。遷

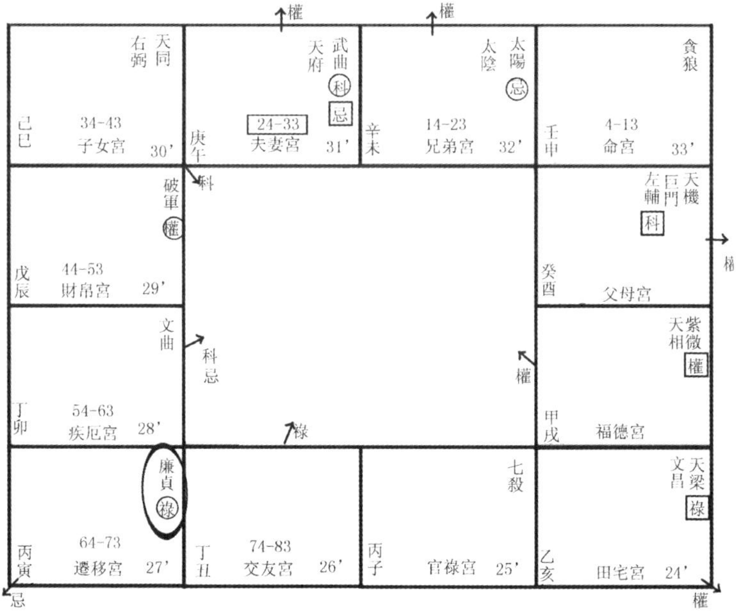

移是一個形於外的宮位，坐廉貞祿，這樣的盤，見過很多，都是很漂亮的女人。一看就是很出眾的。所以，遷移或者父母宮坐下廉貞、貪狼、太陰生年祿的人，一般都是漂亮的。只是漂亮的味道不一樣，貪狼比較端莊，廉貞會有點性感，太陰會有女性冰清玉潔的嫵媚。

第二十五課
你有沒有學命理的根器

其實，你翻開這本書，肯看到這裡的時候，已經算是有點根器了。什麼事情都不是無原由的，你我一定有善緣。如果你看得很開心，或者打算反覆看，那你根器還相當不錯。我們說，學算命，根器好一些會有優勢，但是，其實學得最好的人，往往是鍥而不捨到最後的人，不是根器最好的人。

貪狼生年祿生年忌、天機生年祿生年忌、天梁生年祿無論落入任何一個宮，都容易對命理，也包括道家其他一切修行的東西，比如瑜珈、武術之類的有興趣。天梁祿比較偏向宗教，但是也有修行的根源。尤其貪狼祿和忌的人，更是喜歡神仙術，貪狼忌的人還很適合給人家算命掙錢這樣的偏門。

命、福德、疾厄交貪狼祿忌，比如：

命或福德戊貪狼祿，疾厄癸貪狼忌→喜歡多種命理，身心很投入。

命或福德癸貪狼忌，疾厄戊貪狼祿→只鑽研一種命理，身心很快樂。

不管祿忌交在那個宮位，有這樣飛化的人，非常容易喜歡命理，網上熱衷算命的人很多都是這樣的。算命算久了，自己就開始學習命理，學好後，還可以幫別人算，呵呵。很多網友都是這樣的！

大家看到有點眼熟，嘿，這不是情剩的飛化嗎？哈哈，是的，你真聰明！只要不亂動感情，也可以學命理，更可以做專業人才，容易掌握某種專業技能。風流才子嘛，自古大才華的人，也一定多情的，什麼李白、柳永、蘇東坡，你去看看他們寫的感情詩詞……其實不矛盾的，但是，你最好控制一下情慾方面，多用來學習，這樣才能保證品質，有很多人風花雪月了一輩子，到頭來也沒開始學命理呢！呵呵。

遷移、福德是果報的宮位，遷移戊貪狼祿的人，不管祿入哪一個宮，也都有果報裡道家修行的根器，福德壬天梁祿的人，容易有佛教的根器。如果命坐貪狼生年忌，而遷移戊貪狼祿來會，常常你還能擇善固執的學習，是非常有才華的。

另外，這裡也提一下有佛教根器的人。天梁生年祿的人，很有佛緣。尤其坐在命、福德、子女、遷移這樣的宮位，非常容易虔誠信佛。天機生年祿有時候也是，天機不僅代表命理，也代表佛法。武曲生年祿的人容易吃素。

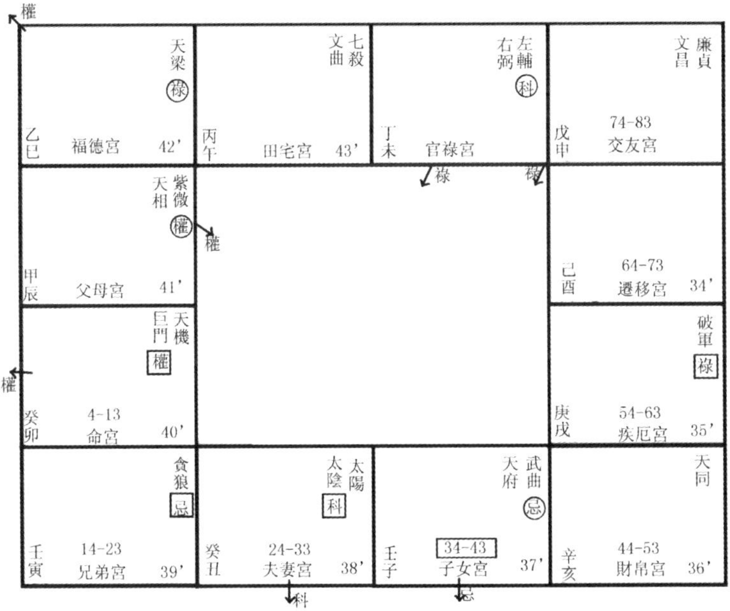

這個盤的主人是我的一個朋友，福德天梁生年祿，佛緣很好，密宗，家裡供佛堂，每日做早晚課，經濟收入不好的時候，也花大錢做供養和放生。同樣的盤，我見過至少5次，都是信佛之人，無一例外。

再說說學命理的環境，講實話，學命理的人都是在人生比較低潮的時候學的，前來問命的人，也常常是困惑而無助的。比如，我就是工作怎麼也做不開心的10年裡，尋求精神的幫助，才用心學命理，心越苦，越學得快，我還知道有些人是感情不順利之後或者損失了大財之後開始學命理的。處在人生高潮、大富大貴的人很難學命理，我沒聽說過哪個暴發戶跑來學的，他頂多雇個命理師算命，只想著發財呢，還能學命理？人在高潮的時候，多相信是自己能力所為，人在低潮的時候多相信是命運所致，呵呵。所以，學命理，不怕苦，不怕窮，越深這樣的體驗，才能學得更好，透過憐憫自己也生出了憐憫天下人的慈悲心。

同是天涯淪落人，相逢何必曾相識！

第二十六課

你有致富的潛質嗎

財帛坐生年祿→口袋裡不缺錢。掙錢容易，財路順暢。

兄弟坐生年祿→金融卡不缺錢，工作容易步步高升。

田宅坐生年祿→田宅是房子＋存款，容易家裡經濟富足。

其實從這3個宮位，就可以知道，田宅代表最大的財庫。很多人掙錢多，但不存錢，都花光。很多人風光，其實欠銀行一屁股債。所以，我們說，田宅漂亮，才是真正的漂亮，容易有穩定的人生。遷移祿入財帛、財帛祿入遷移→平時工作順利，進財順暢，人生好混，老天讓我不斷進財，週轉、手頭絕不缺錢。

遷移祿入兄弟、兄弟祿入遷移→事業容易有規模和成就，增加我銀行存款數量，容易八面來財，致富可期。

遷移祿入田宅、田宅祿入遷移→容易異地置產，衣錦還鄉，家庭在社會上都很有風光門面。

你說，哪個更好呢？相反，我們說：

遷移忌入財帛→對掙錢沒有太多概念，路子窄點。

財帛忌入遷移→錢都花到外面，但是是小錢，花錢沒大腦，敗金。

遷移忌入兄弟→破大點的財，銀行存款少了，損工作成就。

兄弟忌入遷移→投資容易失敗，經濟大筆損失。

遷移忌入田宅→家道不興，離鄉背井，外賊盜竊我的家。

田宅忌入遷移→家都變得不太好看了，退產搬遷，投資容易大損失，你要是敢再賭，可能連內褲都輸進去了……

當然，任何事情，都不是單單1忌就說明的。如果我們說，田宅忌入遷移，逢生年忌或者命忌（可以不同星），這樣就產生2忌，就比較麻煩了。這裡可以看出，財帛、兄弟、田宅的級別。我們說，財帛不好的人，不一定不富有，為什麼，田宅漂亮。有些人，自己掙不到錢，父母給，老公給，子女給，中彩券，國家養，朋友幫助，宮宮都是財啊！所以，不以命三方（命，財帛，官祿）看格局，而是以田宅三方（田宅，兄弟，疾厄）看格局，首推田宅和遷移。

我們認為富有的命盤，田宅宮或者兄弟宮一定要和福德三方（遷移、福德、夫妻）交祿權，中間串聯貪狼、廉貞、破軍、天梁等偏財星才能達到富貴的程度，祿權的串聯越多越好。這裡面，首推遷移和田宅宮。

我們列出幾種容易致富或損財的飛化

1、遷移祿入田宅或者田宅祿入遷移，串聯貪狼、廉貞、破軍、天梁星。

2、遷移祿入兄弟或者兄弟祿入遷移，串聯貪狼、廉貞、破軍、天梁星。

3、田宅和遷移三宮交祿，中間串聯貪狼、廉貞、破軍、天梁星。

4、貪狼、廉貞、破軍、天梁、太陰生年祿坐田宅，或透過轉忌進田宅，容易富有。

5、田宅坐生年忌又同時自化忌，容易留住財。

6、子女宮坐生年忌或命忌，沖庫，容易離家、人生起伏，大筆花錢，需投資謹慎。

7、田宅坐生年忌，轉忌入遷移、父母，是容易負債之象。

另外，說一句，如李嘉誠的超級大富大貴，就不一定是從命盤可以得出結論的了，很多是果報的結果。有的人，大富大貴還長壽，子孫滿堂，或者被謀殺N次不死，這個就真是果報的力量了。羨慕吧！趕快積德行善吧！

第二十七課
這一年，我做了你的新娘

只為等待這一天，
只為等你展容顏。

西湖白娘子和許仙的愛情纏綿悱惻，賢妻助夫救世濟民，贏得世人同情。就算最後被壓在雷鋒塔下，也有狀元孝子救母，最終一家人攜手相聚，天上人間。白娘子最後看著呆呆傻傻的許仙，眼睛裡流露出的那種憐愛而心願已了的神情，簡直動人死了！這樣的愛情，就算是悲劇，我也願意修1000年來求。

人生三大期盼，福、祿、壽，愛情便是福中的一種。論壇來算命的小寶寶們，基本都會問感情，就算有些是問財富工作的，最後也會說，您行行好，幫著再看看哪年結婚吧！都30了，還沒對象呢……呵呵。

好的婚姻如何看呢？

夫妻宮有生年祿，一般遇到的異性不錯，但是異性緣好常有桃花惹事的，所以夫妻宮有祿不一定婚姻就好，但最起碼不容易遇到害你的人。

夫妻祿入命，也是有異性緣，得異性喜歡。夫妻祿入福德，有讓我心靈愉快的異性，或者說我們興趣相投。夫妻祿入疾厄，有讓我身體感到舒適的異性，或者配偶關心我身體。任何宮位祿入命、福德、疾厄當然都是讓我快樂，都是好事！

看感情發生，主要看相應，什麼宮位相應？如果夫妻宮和大限夫妻相應，這種感情現象在10年裡都會很明顯，是祿入、忌入，還是祿照、忌沖的關係呢？你要根據我們前面講的課，自己分辨一下，心裡就有底了。如果夫妻宮和流年夫妻相應，這一年感情必然有一些事情。

有時候也會參考交友宮，因為交友宮除了朋友、同事、客戶等同輩關係，也包括結婚前的朋友關係。

明天我要嫁給你啦
明天我要嫁給你啦
明天我要（終於）嫁給你啦
要不是你問我
要不是你勸我
要不是適當的時候你讓我心動
（可是我就在這時候害怕惶恐）

——周華健的歌

每個單身的女孩子都會想自己嫁給白馬王子那一天是什麼樣子。威廉王子的大婚，為什麼那麼多人日夜等候觀看？那個灰姑娘是每個女人心中的夢想代言。戴安娜王妃遇難，為什麼那麼多人獻花憐惜？這個灰姑娘是每個女人心中的現實隱痛。

哪年會結婚？先要審視夫妻宮和大限夫妻宮之間的關係，是祿入、忌入，還是祿照、忌沖的關係，心裡就知道這10年感情狀況如何了，然後再看夫妻宮、大限夫妻宮與流年夫妻宮哪年相應，最容易有感情事情發生。但是看結婚，不僅要看夫妻，還要看田宅和父母。尤其遇到父母宮與流年父母宮，田宅宮與流年田宅宮也相應的時候，最容易結婚。田宅代表我的家，父母宮代表婚姻的家。我的家和婚姻的家都發生變動，才可能結婚。

有時候是祿的相應，有時候是忌的相應。我們說，祿容易是喜悅，我真的是滿懷喜悅的嫁給你，我的情人！忌容易是執著，容易是不夠開心，可能我是被迫選擇你了，可能是我懷孕了才必須嫁給你，可能我是感激你才嫁給你，而不是真的愛你……要知道，婚姻，有時候也是痛苦的開始。

例如，這張命盤2010年命主結婚。目前走福德大限，命宮是大限夫妻宮。夫妻宮庚太陽祿入遷移，照大限夫妻（本命宮），這是一種祿照的關係，意味著在22～31夫妻宮會有好事。2010年流年踏到本命夫妻的時候，當年結婚。2010年流年的夫妻宮也祿入遷移，照大限夫妻（本命宮）。這種相應，是非常完美的。我們認真寫下來：

夫妻宮和財帛宮（2010年流年夫妻）庚太陽祿入遷移，照大限夫妻宮（本命宮）。

另外，父母（2010年流年田宅）癸破軍祿入子女，照本命田宅。代表名分和家也有好的關係。

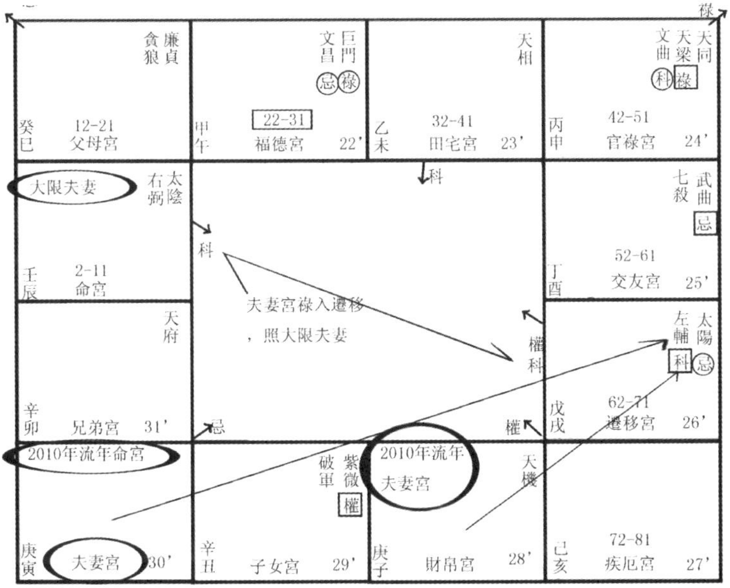

30了，還沒嫁出去，我該怎麼辦？

相同命盤的人，大概放到過去，媒人一牽線，20歲之前都洞房花燭夜了。現在大城市裡男人40結婚也不晚，女人30沒結婚也不神奇。這是為什麼呢？我想，人有小命運，國有大國運，天有大天命。人大概是不能脫離天命和國運來談個體的。所以，婚姻問題受生活的年代影響很多。現在城市裡，女性都獨立了，於是，女性也不需要依賴男人，男人可以用更多成熟魅力吸引女性，結果弄到最後，就是雙雙都老大了，還沒看對眼。過去沒有同居，現在同居也不再受到社會譴責，原來沒有未婚先孕，現在即使未婚生子也不再被老鼠過街人人喊打了。這個事實就證明，不是一張命盤，到一定時間就必須結婚的，很多專家都承認，一張命盤沒有絕對的結婚時間，但可以在一個現實的基礎上分析出更可能結婚的流年。所以，命盤常也是在現有基礎上推論的結果，看看哪個流年最有可能結婚。所以，大家不要把命理神話了，科學的應用命理才是正途。

第二十八課

那一年，我們分手了

婚姻，是人類最重要的煩惱之一，也是論壇上鍥而不捨來問命的小寶寶們飽受折磨的重中之重。每個人都嚮往地球上能有一個人，可以和自己一起吃早餐，工作時候打通電話，下班後依偎在一起做飯，晚上鑽進被窩可以聊聊天的感覺。但是，夫妻宮屬於福德三方，婚姻真的是一種果報，有的人感情水到渠成，有的人尋死覓活一輩子得不到。我們不得不相信，人是有因果的。一起來看看先天上不利於婚姻的幾種命理因素吧！

第一種

夫妻宮坐生年忌，夫妻忌入命的，常常是因果上，你欠了感情債。如果感情不好，不一定是你的錯誤。但是，命或者福德忌入夫妻，如果感情不好，常是你個性造成的，對感情放不下，要求多。

第二種

如果命、福德、疾厄交貪狼祿忌或者廉貞祿忌，會有格外多情的地方，容易出現劈腿、婚外情。這個我們前面也講過了，情剩。

第三種

如果命盤貪狼生年忌、廉貞生年忌，不論坐任何一個宮位，都代表你感情上有點笨拙，也意味著感情不順遂，拿不起放不下，執著又處理不好，最後容易苦情。如果在命、福德、疾厄這三個宮位就更明顯有這種趨勢。

第四種

如果財帛生年忌，或者夫妻忌入財帛，財帛忌入夫妻，都代表彼此對待不夠好，可能容易因為錢起爭執。

第五種

生年忌在事業的人或者命忌入事業的人，常容易晚婚。生年忌在事業沖夫妻，會造成先天性的晚婚，而命忌入夫妻的人會有先立業再成家的想法，容易因為玩命工作而耽誤婚姻。

也說離婚

過去哪有這麼多離婚？現在隨處遇到。常有人問「我明年會不會離婚？」算命有一個不成文的規矩，是不能說人家一定要離婚的。因為，同樣的命盤，放在幾十年前是不容易離婚的，當時要是離婚會被視為怪物。現在社會環境寬容了，人都自由了，講個性，講自我利益，到處都開放了，花花綠綠的誘惑遍地都是，離婚也不是一件難堪的事情了，越來越受到大眾的理解，自然離婚就多起來。所以，我們常說，離婚和社會寬容度、個人的個性、彼此容忍度是非常有關的。所以，沒有什麼是絕對一定的。如果有命理師告訴某個人「明年你會離婚」，那個人就暗示自己會離，就會放棄對婚姻的挽救，結果真的會離哦……這樣，做為命理師，就造了很大的口業，到底是他應該離婚呢？還是在你提示下離婚的呢？這種口業，千萬不要做吧！善惡一念之間！

很多問題都是因為人腦子裡過於複雜才產生問題。有個研究八字的老者說過：「我們那個年齡的人，腦子裡沒有離婚的概念。」可見，沒有這種想法，就不容易發生這樣的事情。所以，想得多的人，真的會幸福嗎？

但是確實有很多離婚的事情在我們身邊發生。如何看有些危險的婚姻呢？我們看婚姻，主要看夫妻、田宅、父母三個宮位的串聯，也還要查看福德、遷移這2個果報的宮位，因為婚姻從某種意義就是因果。如果涉及到離婚，必須這五個宮位有激烈的衝擊。

有些人先天夫妻宮條件不好，所以適合晚婚。晚婚為什麼可以避免婚姻問題？要把忌相應的時間過去，自然以後就平緩得多，而且晚婚會心智成熟，更懂得珍惜。比如，一個人走在感情很不好的大限，如果是單純的戀愛，可能只是長時間難過而已，最後即使分手也不會牽扯很多方面。但如果他很早結婚了，這時候就可能會有想擺脫的感覺，那麼他的家庭、孩子、各種婚姻帶來的關係和利益都可能會遭受動盪，這要付出的代價就很嚴重了。

我們一起來看一個婚姻不順利的盤。

這位命主是位女孩子，感情生活在26～35之間非常的不順利。2004年，夫妻宮（大限命）丙天同祿入福德（2004年流年命）的時候結婚，這種大限命和流年命的相應，代表讓我心情愉快的異性出現了。但2006年婚姻卻結束了，為什麼呢？

目前走夫妻大限，大限夫妻（財帛宮）甲太陽忌入事業，沖本命夫妻宮。可見，26～35，從感情上就不是一個好的階段，已經埋下伏筆，一定會發生衝的

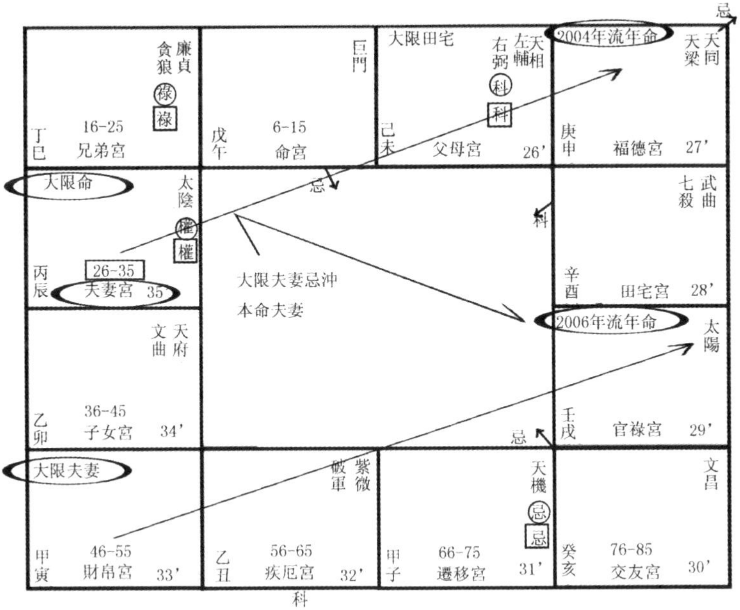

問題。大限田宅（父母宮）己文曲忌入子女，沖本命田宅。這也說明，26-35這個大限，家庭的福氣就少了，田宅相應，我最大的家，是動盪的。那麼2006年，流年命走到事業宮的時候，也就是流年命踏到了大限夫妻宮的忌的時候，這是一個重要的點，婚姻沒有能夠倖免。所以我們說，婚姻，不僅要看夫妻宮，還得看田宅、父母等宮位，這些宮位都觸動了，才會有大的變化出現。

看婚姻好壞比較難，大家不要著急，學命理就像1000塊拼圖，一塊一塊慢慢來。尤其，我希望所有的小寶寶，不要看到一點，就嚇得說自己要離婚了，很多未婚的年輕男孩女孩，來論壇問命，說「看看我以後是不是要離婚，有人說我是二婚的命？」還沒結婚，就問離婚，求求你，以後可別這樣了，任何不好的暗示都可能會成真的。你也不要讓幫你解盤的人犯下這種口業，阿彌陀佛！

第二十九課

上天，請賜給我一個孩子

女人的焦慮——「我的子宮，能有寶寶嗎？我還能當媽媽嗎？」

子女宮，代表了女人的子宮。子女宮有問題的女人，常常會出現月經不調，荷爾蒙分泌紊亂，子宮瘤，輸卵管阻塞的問題，這些都會影響懷孕。而做媽媽，是每個有家庭的女人的心願，沒有孩子的人生是有遺憾的，因為很多母愛的感覺，必須是自己有了孩子才能體會的。

但常常事與願違，不是所有的女人，都可以順利做媽媽的。那什麼樣的女人，會容易遇到生育問題呢？

1、子女宮有生年忌，又自化忌的女性，是要非常小心子宮問題的。生年忌，代表有阻礙，毛病，自化忌，代表消散，留不住。這種組合，問題真的比較大，驗證率是很高的。常見自然流產率很高，甚至也有的根本無法受孕。

2、另一種，子女宮忌入某宮，碰到生年忌，尤其廉貞忌、貪狼忌、天同忌太陰忌也多有子宮問題。廉貞、貪狼容易是性方面的疾病，天同和太陰容易有內分泌、荷爾蒙的問題。

3、還有一種，田宅宮多忌（命忌＋生年忌＋遷移或者福德的忌等），多忌沖子女宮，有時候也難懷孕。這種情況，不分男女。田宅多忌，代表家庭有問題，同時沖子女宮，和晚輩緣分淺。見到類似命盤，常會勸人積德行善，多佈施，往往能緩解田宅的忌。從命理角度講，田宅也是財庫，最大的一個庫，太重視財富的人，可能就會有子孫緣薄的問題，所以多佈施，合理賺錢，會改命。

例子1 2010年懷孕，卻保不住

兄弟宮坐太陽生年忌，轉丁巨門忌入子女，這樣子女宮得紮實一忌，又自化忌。這種子女宮有生年忌（或者等同有生年忌）又自化忌的，最容易流產

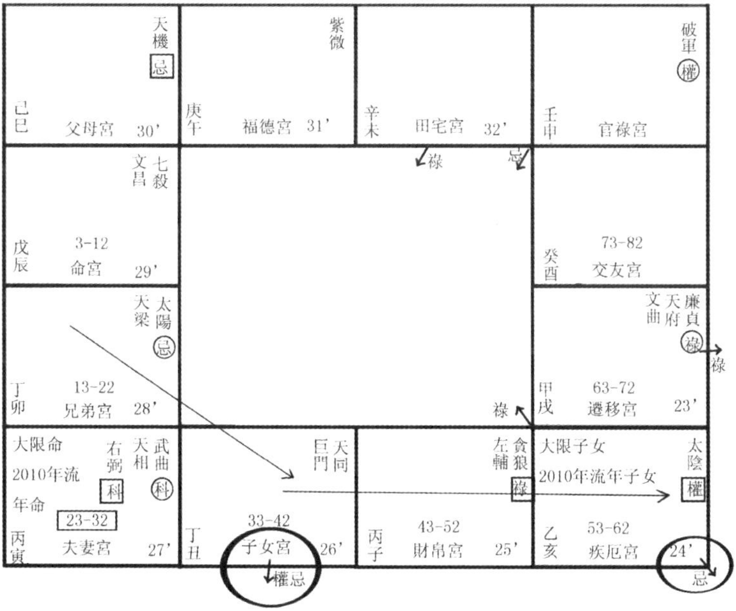

或不能懷孕。這個先天看起來就不夠好了，目前走夫妻大限，大限子女宮乙太陰自化忌，也不是好的運氣。2010年流年又走夫妻宮。子女宮丁太陰祿入疾厄（大限子女，流年子女），馬上乙太陰自化忌出。就是有懷孕之象，但保不住。

例子2 真的無法要寶寶

子女宮坐壬武曲生年忌，又自化忌。很好的女人，一直沒有懷孕。我見過另外一張子女宮武曲生年忌卻自化忌的命盤，能夠懷孕，年輕時卻多次墮胎，命主後來非常

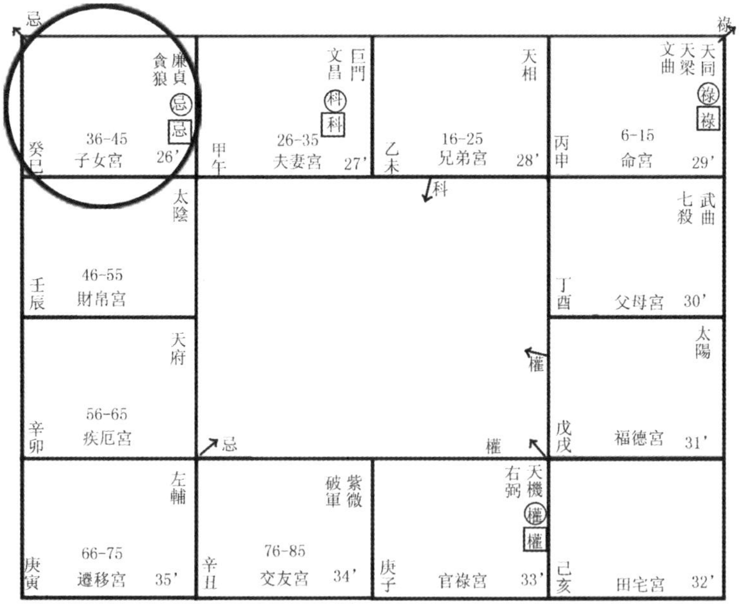

後悔。總之，類似的情況，子宮多有問題。

例子3 子宮有病症

這個盤，是一位網友，也有月經紊亂的問題。尤其這種廉貞忌，貪狼忌在子女宮的，更容易出現婦科疾病。如果文昌忌，文曲忌，則很可能是輸卵管的問題。

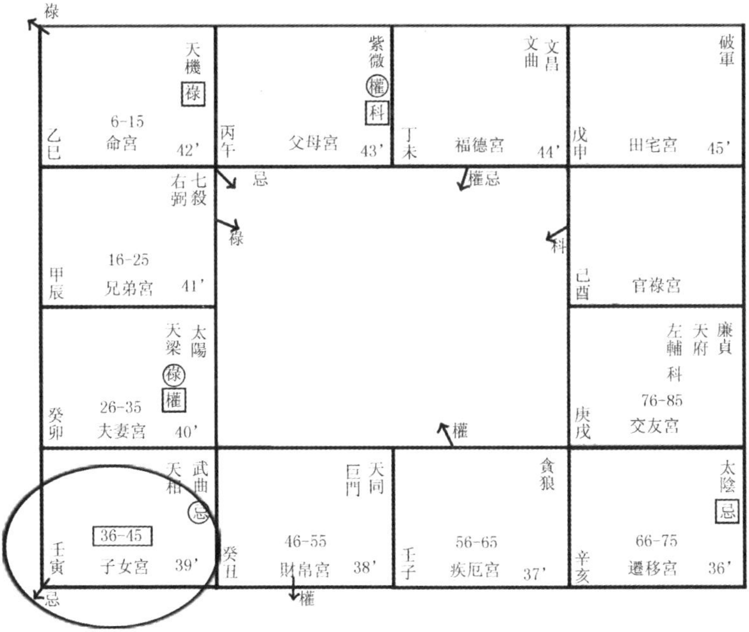

第三十課

女孩，請妳不要墮胎！

現在社會很奇怪，一方面不能懷孕的夫婦越來越多，一方面墮胎的情況也很多。也遇到過幾位年輕網友，驚慌失措的來詢問未婚先孕該如何處理的事情，有時候真的挺無奈的，不敢說，不敢說，欲說還休。希望天下所有的媽媽爸爸都對自己的寶寶負責，他們也是條生命啊，不可以隨便墮胎。墮胎在佛教是犯罪，就算不引用宗教觀點，他那麼小，安祥的降臨到妳身邊，在妳肚子裡睡了很多天，妳忍心不要他了嗎？他甜甜地吮著手指，等待著出來抱妳，叫妳媽媽，妳忍心殺害他嗎？妳吃西瓜，他跟著吃，妳吃麵條，他也乖乖的吸收，這麼聽話的寶寶，妳捨得他一個人去另外一個冰冷的世界嗎？

美國曾經拍攝過墮胎的紀錄片，那個一分鐘前還滿足的吸吮大拇指的寶寶，一分鐘後就變成血淋淋被撕碎的肢體，看得我心驚膽跳，不能自己。我想任何一個人看到，都會有同感吧！善良的人會被震撼會流淚，即使冷漠的人也不會無動於衷。我自從生寶寶之後，曾經數次作夢，夢到又懷孕，怕生又怕失去，每次都嚇得出汗驚醒。雖然沒有過統計，但是被嚇醒的女人一定有很多啊！所以，請天下的男孩子、女孩子，如果你們還沒有結婚、沒有打算要寶寶的時候，請你們在彼此身體溫暖的時候，想一想，也許就有一個小寶寶會因此受到嚴重的傷害，你心滿意足地睡著了，而他會無助地哭泣！

女孩子，尤其要學會保護自己，保護自己的子宮，保護一下那個經過了幾生幾世來尋找妳的孩子吧！要知道，妳可能在一次墮胎之後，就永遠無法懷孕了，這真的不是在嚇人，子女宮有隱患的女性，一旦墮胎，就將永遠失去懷孕的機會，還會落下一身病，妳也一定留不住身邊這個男孩。

1、子女宮坐生年忌或子女宮自化忌。

2、子女宮忌入某宮逢生年忌或命忌。

3、子女宮忌入某宮，對宮坐生年忌或命忌。

4、子女宮忌入某宮逢自化忌。

5、田宅坐生年忌和命忌沖子女宮。

6、子女宮飛化太陰忌，天同忌，武曲忌，文昌忌，文曲忌，廉貞忌，貪狼忌，巨門忌。

這些子女宮的飛化，先天都有容易生病之隱患，更不可以隨意流產。

這篇沒有放任何命盤實例，不是沒有遇到過，是不忍心。命主想必也一定非常難過，任何的傷疤都不要再碰觸了。但是，我要把這個命題做為單獨的一章放在這裡，放在生兒育女那篇之後，是要給所有男孩子、女孩子一個堅定的告誡，千萬不要再傷害女孩子和小孩子的生命了。

又有點隨感。有時會見到網路裡直斷「明年因孕成婚」，我看了不禁擔憂，即使命盤有點類似的飛化，就一定能斷定會因孕成婚嗎？算命一定準嗎？算命不受時空、社會和現實生活環境的共同影響嗎？孕了不成婚的不是很多很多嗎？那可是活生生的一條生命啊！不成婚，就可能導致墮胎，就可能讓一個花漾女孩成為可憐的單親媽媽！這樣的口業多麼大！所以，不迷信任何一位命理師，是網友理智算命的前提。如果不能理智看待古老命理文化的精華和糟粕，不如一生不算命。

第三十一課

因果，你不信？

某位著名佛教界法師說：「不信因果，你怎麼能學佛？」既然有命盤，就有因果。命理是知因果的好工具，不過，僅是工具而已。我一個師妹說，讓一個普通人信佛行善，如果他沒有善根，恐怕不容易信。但是透過命理讓人們知因果，進而信佛，是很好的一個途徑。但是，我所知道的，佛教是不提倡算命的。為人算命是有業力的，說錯也有口業。如何減輕業力呢？大概需要多佈施吧！每個人每天都在造業和積德。造業多，還是積德多呢？都在自己選擇中。

欲知前世因，今生受者是。欲知來世果，今生做者是。

有時候，遇到職業不太好的人，我就勸他們改職業。職業的底線，至少不能犯法和欺騙別人，從佛教講還不能傷害生命。只是，有時候這樣的職業才賺得更多，更有貪污回扣腐敗無惡不作。在經濟利益面前，很多人還是選擇繼續做下去。你可想過，會有很多人因為你做的事情而憤怒，他不來找你打架，他心裡也埋怨你，埋怨的多了，你覺得，你會有好報嗎？地球都有磁場，人心也是有力量的，你覺得，你能逃過？呵呵，悲劇多了。就如我們現在吃的東西一樣，幾乎都有問題，不是藥物激素就是各種人為污染，大家都這麼幹，誰能逃過？包括現在的愛情，也涉及到那麼複雜的物質利益，毀了很多人的幸福……這樣的生活環境，我們，都不喜歡吧！

所以，每一位找我解盤的人，我都會告訴他，如果你當下過得不好，你就要去積德行善，來改個性，進而改命。這也應了我的命盤，交友戊天機忌入福德，逢生年忌。我的命乙天機祿來會，天機，命理，佛法。這代表，找我的人，都是一腦袋的漿糊，我需要用命理和佛法來開導他們。大概，也是我的因果吧！我是個欠了菩薩債的孩子。

我的故事

我不是個很好根器的人，只是非常喜歡神秘文化而已。

10歲的時候有了第一本星座書，之後買遍北京城所有的星座書。大學畢業論文，是用英文寫的西方星座學，這個題目竟然能畢業，真心感謝教授的開明。在外企工作不開心，一次到上海出差，在酒店裡看到一本雜誌，裡面有一篇分析名人面相的文章，我看著看著就哭了，我說，人家怎麼能有一技之長呢？後來，工作還是常不如意，我總尋求精神的幫助。我自學八字，沒有入門。直到遇到我的師父，學紫微斗數，一頭栽進去了，還是很有緣啊！

師父周星飛在台灣從事非常普通的服務業的工作，有時候還白天黑夜的做。師父說，好的算命師要有口德，要有菩薩心腸，不能嚇唬人花錢消災，只怕口業難轉。師父沒靠命理發大財，自己辛苦工作，還經常佈施。3年來網上的教學一直都是免費的，網上這樣教命理的，我只見過我師父一位。是他堅定的免費教學的信念，才成就了眾多飛星小種子，我幸運地成為其中一粒，才有現在的機緣能和師父一起推行紫微斗數的文化！

師公梁若瑜論命30年了。在台灣也自己開一個做點心的攤子，也沒靠算命發大財。師公是遷移父母見忌的，很耿直，不肯低頭的人，更不喜歡說好話巴結人。師公老是說，如果不是研究斗數的根器，自己真是爛命一條。紫微斗數來自宋代祖先，我希望把這個文化傳播回去，讓更多人透過命理受益，人生不要走很多冤枉路。師公說，2011年下半年就會看到紫微斗數普及的一個初步成果。我真希望，自己也能出微薄之力啊！

這些個月一直忙工作，很少聽師父講課。前幾日，聽師父再次講課，看著QQ上一行一行閃爍的字，眼淚不自覺就掉下來了，想起過去的日日夜夜，想起自己從命理得到的感悟，心裡就暖暖的，真是心、身、靈的快樂啊！人生快樂，有時候就是這麼簡單！

我工作這麼多年，也似乎不覺得快樂，我對人事都反應比較慢，遷移忌入父母，孤陋寡聞不善交際，好在，我有一點點天賦可以學命理，我可以不管窗外事，只讀聖賢書。

感謝我的父母，你們給予我穩定的生活條件，讓我沒有任何生活負擔的專心學習！

感謝我的老公，你100倍的支持我學習命理，幫我建立信心！

感謝我的兒子，你以後也會是一個比媽媽更有根器的孩子！你一定可以幫助媽媽傳播這個文化！

感謝上天，給我生年貪狼祿和天機忌的福分，讓我能夠喜愛命理，並為之鑽研不放棄（注：貪狼和天機，都是命理，祿是機緣，忌是執著），感謝師父和師公，讓我有機緣接觸到命理，傳授我終身受益的知識。

能做自己喜歡的事情，是不是很幸福呢？

山不在高，有仙則名。水不在深，有龍則靈。斯是陋室，惟吾德馨。苔痕上階綠，草色入簾青。談笑有鴻儒，往來無白丁。可以調素琴，閱金經。無絲竹之亂耳，無案牘之勞形。南陽諸葛廬，西蜀子雲亭。孔子云：「何陋之有？」

我博客的小文章

著名的梁師之訓——梁若瑜

民國七十五年，夏夜晚餐後，連襟欲往某濟公神壇問明牌而相邀為伴。茶餘飯後，反正閒也閒著，欣然共行。

連襟一路敘述該濟公神壇明牌極準，香火鼎盛。到達目的地，果然人聲鼎沸。連襟謂余既來之則安之促掛號，不問明牌也可以問事。

好吧！我就問斗數學習是否能更上層樓？叫號到我，師父問：人皆想錢問明牌，獨你與眾不同，問什麼事？答：問斗數學習，名師何處覓？

但見師父慢條斯理，倒酒三杯命我喝，云：喝了才說！

喝畢，師云：該有的師緣都經過了，剩下的自己好好用心悟吧！

天啊！斗數的路是這麼難走，一路來是悟了些許道理。挽鏡自憐，白髮蒼蒼矣！

剩下的心願是：我不要後學者走冤枉路，我不要後學者以不正確的命理自誤誤人，因果律是如影隨形。

簽到與否，在我個人感覺，似乎不是那麼重要。我最希望的是有心在此家族。

願：

一、斗數共進階。

二、他日若有小成，謹守口業，為人解惑啟善，行功立德！

三、所有有緣人，福壽康寧！

後續：

恩師說得真好！怎樣才叫謹守口業呢？

答：謹守口業是：任何對人可能造成心理傷害的話，都應謹慎、婉轉。

譬如於當事者面前，斷人離婚與死亡，切勿好高欲凸顯功力而直言傷人，造成恐懼、偏激而壞人前途。

尤以火候未成熟時，切勿斬釘截鐵陳說。最好心存善念，感同身受的用心於苦難者。

梁師發願是我博客的第一篇文章，也是我無論整理什麼集子，都要做為第一篇的文章，學命理，更不能忘本，受師恩，更不能辜負。師公不僅傳授的是學問，這字字句句，怎麼不是做人的道理？感動深受於苦難者，又是多麼慈悲？跟這樣大德的人學習，今生有何遺憾？師公、師父是我命中的善知識。

師父說傳播斗數文化，是為了救自己、救別人
——QQ教學實錄

周星飛

文化若失傳，吾輩何以見祖宗？讀書即是救人救命，「文化若失傳，吾輩何以見祖宗」這句話是別人說的，還有上一句是「江河若斷流，吾輩何以面子孫」，這二句是環境跟文化的關係，二句同等重要。

我只留下半句「文化若失傳，吾輩何以見祖宗？」「讀書即是救人救命」這是我加上去的。

周星飛

國內常說一個人有沒有讀書叫「有沒有文化」，
讀書也不一定有文化啊！
多少人讀了書，就專門來吃人的。
文化流氓。
但是，不讀書文化的條件就少了。
學習五術也是「多讀書」。
可以思考「天地人」之間的關係。
以斗數來說，
命忌入官祿，沖夫妻。
重於工作，就忽視了感情。
現實生活也是如此。
所以做一件事必然，也會影響其他事。
不能「單一思考」。
知道命理就知道「因果關係」。

要「修行的人」就知道「從何下手去改變自己」。

網友

命理是用來思考人生的。

網友

學易能讓我們心胸豁達，不以物喜，不以己悲。

網友

知道因果，才知道如何感恩。

周星飛——斗數

如果就讀書來說。

福德忌入父母是我「脾氣大」。

個性不沈穩。

讀書也不沈穩。

那我就可以改變自己，用很多「短時間」來衝刺讀書的效率。

每次很專心讀10分鐘。

之類的。

懂嗎？

網友

嗯，這就是改命了。

網友

找到自己的弱點。

周星飛—斗數

所以，我說，讀書即是救人救命。

順天應人。

往上提升自己。

將來還可以有救別人餘力。

可以「改變他們的觀念」。

他們自己想通了就過關了。

他們想不通，也是，他們的命、業力。

我們也改變不了什麼啊！

一切都是順天應人。

應該發就發應該不發就不發。

不用得意也不用失意。

網友

嗯，聽過這句話，學五術的人，要有懸壺救世的慈悲心。

可是現在善良人太少了。

網友

每個人自己的事情最終還是要自己來做的。

周星飛——斗數

上等根器，就往聖賢之道前進。

中等根器，就往行善之人前進。

普通根器，就把人做好即可。

讀了書，學了五術，至少把「人」做好。

這是最基本的要求。

網友

我覺得不管什麼根器都得先把人做好。

周星飛──斗數

聖賢之道跟佛菩薩一樣。

都是盡力去救別人。

網友

這個太難了，盡力而為啊！

周星飛──斗數

難也不難「心」而已。

網友

可是有時候，自己發善心，處處為別人著想，別人總不為自己著想，容易發退心。

網友

命理能把彼人變成一個個性健康的人就好了。

周星飛

盡力就好，

一念之差天堂地獄。

周星飛

所以，讀書即是救人、救命，文化若失傳，吾輩何以見祖宗？

學易學了。

如果，中華文化在我輩斷了。

我們沒臉見祖宗的。

我沒收錢不代表我不愛錢。

我只是跟著師公的腳步走而已。

師公也是一個「遷移交友破的人」。

以現實的眼光，也是一個「傻蛋」。

好好的錢不賺。
幹嘛要發願說，不要讓不正確的命理傳下去。
就是師公也對中華文化有一分憂心。
亂說的東西太多了。
要撥亂反正要花很大的力氣的。
大家一起做就比較容易了。
大家盡量把「正確的命理學好」。

網友　我覺得師公的理想是桃李滿天下，救人救命。

網友　把斗數用在善途，盡我們的努力。

網友　嗯，我好好學，也好好幫助人。

紫微斗數VS.西方星座學？

一日，偶然間發現一個論壇名為「紫微飛星」，哎呀，跟見到親人似的，我就點進去了。一進去，愣了半天，發現裡面怎麼都是12星座和塔羅牌呢？呵呵！無怪乎不時有網友問，紫微斗數和西方12星座學有什麼不同？

我很喜歡西方12星座學，也很喜歡紫微斗數。但是它們真的不一樣哦！既不是雙胞胎姐妹的關係，也不是表姐妹的關係，它們壓根就沒有血緣關係哦！

西方星座學是西方流傳過來的星相學，按照人出生的月和日分成12星座（牡羊座、金牛座、雙子座、巨蟹座、獅子座、處女座、天秤座、天蠍座、射手座、魔羯座、水瓶座、雙魚座），每個星座的人有著相似的個性和心理特點，當然，星象小魔女們也可以根據人的具體出生時間排出一個星圖，進行預測。西方星座學多年來非常流行，是少年少女們聊天的火辣話題，你要是不知道你自己是什麼星座，你就OUT啦！

紫微斗數是純中國的文化！宋朝希夷老祖發明的，根據你出生的年月日時推算你一生的禍福吉凶，起落貧富。紫微的星星並不是天上真的星星，可以說是用神煞在論命，代表氣的流動和性質，據說是在希夷先生打坐冥想的時候得到的真知。紫微斗數很深奧，入門容易，學精很難，所以，不容易被大眾所掌握，相傳還是古代皇家御用星算術，但是它精美的計算和邏輯，信服的結果，讓無數研究紫微斗數的人為之一生折腰！紫微斗數目前在台灣和香港非常流行，研究的體系也很多，主要分為三合和四化兩大方向。三合派看星曜的組合，論述的星星有一百多顆。四化派一般只論18顆星，主要看宮與宮之間四化的互動關係。也有一些學者把兩派結合起來，其實都很有道理。我的師緣是四化飛星，所以這本書也就是讓大家對四化有一個入門，希望你喜歡！入門後，希望你還可以多研究，瞭解自己，救助別人，傳播文化，其樂無窮！

紫微斗數，絕對是一門哲學

我剛認識師父的時候，師父看我命宮自化忌，就說，我做事情半途而廢，反覆無常。我當時跌破眼鏡，我說，師父，不會吧！我真的沒有，我生活極其簡單，我要求的真的不多……師父當時也沒再說什麼。現在想想，其實這麼多年工作總是做做停停，其實就是因為福德天機忌又自化祿，一會兒忌一會兒祿，想法老是變嘛……夜裡滿腦袋跑火車，白天還得啃大餅過日子……這就是人們對天機忌的形容……我總是一會兒這樣想，事情快做到的時候，就開始那樣想了……所以，做一半就膩了，就放下了，沒有做到底的。

同理，我在算命的時候，一般上來先說忌，因為人們對忌的感受會深，人們都渴望自己求不到的。但是，問到會導致忌的個性的時候，往往人們就會說，我不是那樣吧……大家都會覺得，自己還不錯啦，自己忍耐度已經相當高了，只是自己遇到的上司太噁心，遇到的男人太混蛋，生活的社會太殘酷，受到了種種不公正的待遇……為什麼倒楣的都是我？

人們都不會意識到，事情出問題，往往是因為自己的個性。因為我們太習慣於自己的生活了，活了20、30年了，覺得世界就該這樣，是別人做得有偏差。自私的人嘲笑大方的人傻，出手闊氣的人說保守的人小氣，熱情的人看不上平淡的人。我們生活在一個很主觀的世界，每個人都好像有一個玻璃罩子，就像窮人不知道富人都在想什麼一樣，我們也不知道自己旁邊那個人在想什麼。吃一樣的飯，睡一樣的覺，每個人對生活的感受是完全不同的。

曾經遇到一個命坐文昌生年忌的男人，命坐忌，就是固執，嗔癲痴，自找煩惱，不好相處。他說，他在家族面前抬不起頭，是因為父母太不爭氣。其實他已經30多歲了，怎麼能賴到父母身上？他不會覺得這是自己個性讓自己不開心或者在社會上混不開。

我再舉一個例子。福德忌入父母，逢權，是脾氣大，不惜福，脾氣向外宣洩而無節制。小則導致老和家人打架，摔東西，大能導致激動的時候動刀子，離婚的很多也是有這種個性的。有的盤，有這樣的個性，會觸動廉貞忌（司法）的問題。有時候就是一個點，引爆了，就進監獄裡了，您那個事業財帛再漂亮也沒用了。有的人當時控制得稍微好一點，可能就不會動刀子，而是使用了其他宣洩的方式，比如把社區的燈砸了遭到罰款，這個和我們的文化修養和成長環境、社會管理有非常密切的關係。不好的個性會壞大事，是師公在傳授命理時常說的一句話。

所以，個性決定命運，算命，也是更瞭解自己的過程。紫微斗數，絕對是一門哲學，可以讓人更瞭解一個陌生的自己。

願人們在遇到生活中的問題時，更多想想是不是自己把事情推到了這個地步呢？

忌，就是己的心

論壇裡，很多人都說，「我現在太難了」、「我太不幸了」、「還有比我更差的嗎？」

當然，做為愛好者，學習斗數，也是要用心體會眾生的苦。用斗數帶給求算者希望，也是做精神佈施很好的途徑。

但是，希望不會馬上就發生，有的甚至要等待很多年。如何改命，還是要靠自己來調整吧！大家看到忌，就容易害怕。其實，忌，就是己的心。你所想，你所感。把心放正、放寬，生活就沒那麼痛苦了。我們常常對祿沒有感覺，我們有房子住，有飯吃，有工作做，有媽媽愛，會覺得是理所應該的，我們能活過每一天，都覺得理所當然的，其實，這都是祿的力量啊！難道祿，就一定要錢？您真是想多了。有多少人真能富貴？有多少人求了一輩子富貴也沒有富貴起來呢？好好珍惜你的祿，寬容你的忌，人生就好過多了。

改命，就是改「己的心」，順勢而為，就這麼簡單！走忌的時候，不要強求，比如大限事業是不夠出色的，你就別折騰，一個崗位多學習，多積累，老是換工作，可能越換越糟糕。如果大限夫妻有問題，就多修心，多寬容，多顧家，一點事吵架就散，苦果自己吃，其實沒有過不去的坎，50、60年代沒什麼人離婚對吧？現在人都很堅持自己個性，最後弄的孤家寡人。把壞運熬過去了，好運自然就來了。

另外，紫微斗數，不會讓你燒個香，磕個頭就改命的。如果有人讓你今天花錢燒香，明天運就好了，那一定是有所圖的，再說，你求菩薩讓你好命發財，豈不是賄賂菩薩，菩薩都懶的理你哦！要知道，因果是前世就定的，如果都能隨便燒香改了，花了錢就能有用，還要八字、紫微斗數、六爻、梅花易數這些古老的術數做什麼呢？

吃飽喝足的層次滿足後，生活是相當主觀的，乞丐也開心曬太陽，你今天曬了嗎？

算命中的又一次感動

今天一上線，看到短消息裡，有一個網友的留言。

其實，如何能把算命做到類似於心理諮詢的效果，但是比心理諮詢功能要強大，這一直是我的夢想。

我喜歡有人情味的交往，就算是什麼事情涉及到錢，我也更希望有人情味。

這算是網友送給我的小小聖誕禮物吧！

紫微創始人，宋朝希夷老祖的〈睡歌〉

我第一次看到這首睡歌，就非常喜歡，它代表了道家的一種境界，也是修行的境界，放下我執，上善若水，自然的身體，自由的心靈。希望你也喜歡！

吾愛睡，吾愛睡，
不臥氈，不蓋被。
片石枕頭，蓑衣鋪地，
震雷閃電鬼神驚，
吾當其時正酣睡。
閒思張良，悶想范蠡，
說甚孟德，休言劉備，
三四君子，只是爭些閒氣，
怎知吾向青山頂上，白雲堆裡，
展開眉頭，敞開肚皮，且一覺睡，
管甚玉兔東升，紅輪西墜。

師父說，宮宮都是財

師父說，
有人自食其力，工作創錢，
有人小本創業，
有人擺地攤，
有人開大公司，
有的人合夥賺錢，
有的父母給的，
有的跟朋友借的，
有的跟銀行借的，
都是「錢」。

「錢」沒有說，一定要從哪裡來的才叫「錢」吧！

所以，其實想想，人生也沒什麼貴賤，自己掙的，叫本事，那如果自己即使殘疾，靠家人養，國家供養，都是福分啊！有時候看到佛緣特別好的盤，家庭緣分都要破盡，最後是世人供養，也不錯吧！也是好盤吧！所以，命理學得深入了，就會覺得，人生沒什麼貴賤，因果不虛而已。

為貪狼正名

封神榜，貪狼的化身是妲己，那個美豔入骨、蠱惑君王的女子。所以，貪狼口碑一直特別不好，很多人一看夫妻宮貪狼，就怕娶個妲己似的女人回家，那還得？自己當紂王了……

其實裡面有層意思好多人沒搞懂，今天我就要為貪狼正名！

細讀封神榜的人都知道，起因是紂王對女媧娘娘好色，當場沒克制住，寫了淫詩一首，女媧娘娘氣的不得了，心說，你這個人渣！她看商朝氣數將盡，就派屬下精靈附身妲己，才有了那個壞到骨子的女人。但是，妲己可是順天而為，是奉了女媧娘娘的懿旨，是為了滅商朝才這樣做的，否則，也犯不著去勾引那個君王，毀了那麼多忠臣，你們說，是吧！再說紂王長得也不好看，破軍，聽起來就不好看。

所以，你們說，是破軍壞呢？還是貪狼壞呢？癸破巨陰貪，破軍化祿，卻是貪狼化忌，實在想不通。

貪狼是才情，藝術，文化。君不見很多貪狼生年祿、忌的人，都是才華橫溢，可以走偏門路線的人。學的都是一般人學不會的。其實命理造詣很好的人，相當數量的都是生年貪狼祿忌的或者命、福德、疾厄交貪狼祿忌的。

貪狼的祿和忌都代表了較高的才華。高級的專業人才，也要貪狼星漂亮─命、福德、疾厄交貪狼祿忌的。

貪狼還代表教育，老師也容易是生年貪狼化祿或者命、福德、疾厄交貪狼祿忌的，你們說，老師大多都桃李滿天下的吧！和妲己聯想不起來吧……

打坐修行也是和貪狼有關，武術、瑜珈，都容易是貪狼祿忌的人的偏好。

貪狼還是偏財星。有武曲貪狼坐命，不發少年的說法，但日後還是容易達到人生某種境界。鈴貪格和火貪格也主爆發，但需要守。

貪狼還是壽星，如果疾厄、田宅串聯貪狼祿，那絕對是長壽的，肉身和家無限有緣；貪狼忌，不好意思，您容易有肝腎或桃花病了。

貪狼祿忌也是大桃花星。才子佳人，自古都是這類人多情。沒辦法啦，誰讓人家有才呢？所以才有《衣帶漸寬終不悔，為伊消得人憔悴》的千古佳作啊！

當然，貪狼星化祿更多體現了正面的意思，比如才情、專業，貪狼化忌則多帶一些負面的色彩，菸酒賭、對感情過度執著和對物質的過分貪婪，所以，如果有這方面的趨勢，就要盡量控制自己啦。內心的修行對於貪狼忌的人來說是非常重要的，天上地下，一念之間。

女孩，不能和這種人搞婚外情

這個時代也不知怎麼了，盡是老男人和小女孩的故事，時常有女孩子找我，悲傷的說自己喜歡了有婦之夫。我也納悶了，是女孩子天生就喜歡成熟男人呢？還是喜歡他們的富有呢？還有女孩子說，我想給他生個孩子，如果我能做他的妻子一定比他現任妻子好之類的，我真想陪他看夕陽，我們是真感情，他已經不愛他妻子了，你看看我們能結婚嗎……我真是咬牙切齒，恨鐵不成鋼！

這樣的男人，也見過一些。其實，哎，女孩子不知道，這種類型的男人，相當一部分都是有生年忌或者命忌、福德的忌在田宅三方的，比如我列一下：

1、命忌入田宅三方，又轉忌入田宅三方（田宅、兄弟、疾厄）。

2、福德忌入田宅三方，又轉忌入田宅三方（田宅、兄弟、疾厄）。

3、命或者福德忌入田宅三方（田宅、兄弟、疾厄），逢生年忌。

為什麼很多女孩子喜歡這類型的男人呢？因為這類型的男人看上去傳統保守，很踏實，不喜怒形於色，很紳士，溫文爾雅，藏而不露，也不會對女人公開求愛，多少還有點害羞。換句話說，我覺得比較會偽裝哦，這個不露，就把妳給唬暈了！

這種男人，其實是很有城府，很自私，也很小心，也很想紙包住火的……對妳最後也會很無情滴！例如，命忌入田宅，其實是顧家的個性。顧家不代表不多情，他對妳多情，可是他還是顧家啊，妳算他家人嗎？當然不算！妳在他田宅外面待著呢……所以，多情之後，他就命忌入田宅，沖交友三方啦，就打算和妳拜拜了……

所以，我每次講課，講到類似這種飛化時候，我都要說，千萬別和這種人搞婚外戀，妳一點轉正的機會都沒有！

哎，女孩們，拜託妳學點命理，再談如此危險的戀愛！

備註：如果僅一顆生年忌在田宅三方，可能比較保守，還不算是城府和自私，比較怕的是和命、福德發出的忌，又和生年忌碰撞在田宅三方。因為命和福德都有思考能力的。遇到廉貞、貪狼、巨門尤其會城府深、慾望多。

當下，就是最好的吧！

昨日，龍隱論壇有一位MM問，「姐姐，我的業力什麼時候能過？」我突然感到似曾相識，她好像當年的我啊！學斗數之初，我也常問師父，業力什麼時候過去啊！覺得現在好苦啊！

學命理也有一段時間了，也和很多人聊天、看盤、溝通。也感受到大家對自己的忌的關注之深，是挺苦的。忌就是每天不斷的關注和想。

但我越來越理解，佛教說的「活在當下」，其實沒什麼業力過去不過去的，因為舊的業力過去，新的業力就會來。比如，

20多歲，我們沒錢，沒地位，沒婚姻，但我們有健康，有希望和戀愛的自由。

30多歲，我們掙的多點，有了家庭，開始很多人際問題，更多慾望，發生婚外情，孩子上學或生病。

40多歲，我們也許有了地位，但父母就離醫院很近了，我們可能很快就失去他們。或者有了地位就被人盯梢，惹上各是各樣的麻煩。

50多歲，我們人生高度也就差不多這樣了，也許我們很快就變成孤兒或者自己都進醫院折騰很多次了。人生有些高度的人或許還會突然被嫉妒，遭遇事業人際的大挫折。

什麼時候沒業力呢？什麼時候都是好事伴隨壞事，壞事伴隨好事。我也忘記誰說過，要想得到金子，就得經過火去冶煉。哪裡有光得到金子的好事呢？想要得到祿，就必須承受其帶來的忌啊！呵呵！

所以，只要現在沒病，有飯吃，有自由，家人健康，也許當下就是最好的吧！

太貴的・不吃、太貴的・不穿

出外應酬或參加宴會，時常有人很好奇地問我：「為什麼不吃這個？」又問：「為什麼不吃那個？」我都笑笑，不便回答。因為，做人處世，所有的大小道理，都只能默默約束自己，不能說出來教訓別人。

我的理由很簡單，這些東西太貴了，太高級了，我這薄福短命的人，實在不配吃，也不敢吃。我平常只吃一般勤儉人家所捨得吃的基本水準，如果餐桌上所擺出來的食物，只有富貴人家才吃得起的，或高級餐廳才會有的，我一概不敢沾、不敢吃。

我很清楚，像我這種人哪有這麼厚的福分呢！穿衣服也一樣，太貴的，我絕對不買，也絕對不穿，當然，太華麗嬌豔的，更絕對不敢碰。我只穿那窮苦人家所穿得起的，或富貴人家所淘汰不要的舊衣破衫。我認為這是我的本分，也是我的命，俗稱：乞丐命。我衣服很少，每次出門，總是有數的那幾件，好多人都背後嘲笑我一點也不會打扮，又土又俗。但我怕太浪費，必會損福折壽，寧可不上道，也不犯戒。

這個社會，幾乎所碰到的人，都在比面子，炫耀排場，或熱衷於爭名奪利，但我只能一直往後退，只能老老實實做個認命認分的平凡人，而踏穩自己的腳步，認真走平淡謙卑的苦路。我天生怯懦軟弱，能不餓死，已是不幸中的大幸了。不少認識我的人，都很訝異，像我收入這般豐厚寬裕的人，真有必要這般省吃儉用來委屈自己？來刻薄自己？這不是一種痛苦的折磨嗎？但不這樣，我真能平安地活到今天嗎？

俗話說：「不簡單的人過不簡單的日子，生不簡單的病，惹不簡單的麻煩。」

摘自〈壽命是自己一點一滴努力來的〉

我非常喜歡這篇文章，很多看過它的人，也常說喜歡這篇文章，惜福，簡單生活，上善若水，是最好的命理之道。雖然它和紫微斗數無關，但是我還是要把它放在這裡，讓更多的人和作者分享自然觀念。

結束語
明年的心願

冬天很冷，常晚上披著大大的睡袍來寫這本書，我過去工作常緊張煩惱，但是做紫微斗數24小時都不反感。很快春節就要到了，爆竹響起，送舊迎新，真好啊。明年論命，要變流年的位置了，呵呵。

常有人來學算命，看看太深奧，搖搖頭，就離開了。少數人堅持了1個月，也不說話了，能堅持1年的人，還真難找。所以，我希望寫一本簡單的、可愛的、幽默的，人人都能看懂的入門書。現在社會太重物質地位了，以致於人心不安定，身體沒什麼病，就是一天到晚哪都覺得難受，現代人比以往任何時候都需要精神上的慰藉，下個10年，命理的正面效應一定會受到重視的。

命理能科學解釋什麼？一件事情，同樣的結果，原因卻不一樣。比如離婚：

1、夫妻生年忌，容易是天生福分不好，不賴你。

2、命忌入夫妻，太在意，反而毀掉了，這個絕對怪你。
3、命、福德、疾厄廉貞貪狼祿忌，多情，被婚外情破壞了。
4、父母忌入夫妻，被父母給拆散了。
5、疾厄忌入夫妻，性生活不好，散伙。
6、夫妻忌入田宅劫生年祿，被異性把錢弄走了，傻了吧！！
7、佛緣太好，出家了，不要婚姻了……這也見過。

命理能做什麼？能看明白到底什麼原因，並且找出你個性的問題，幫你挽回或者預防。而不是一律說，我們感情不合、我命苦。

我一直希望把紫微斗數推廣成像心理學一樣可以普及的文化，把它玄學的部分去掉，完全以科學或者個性文化的面目示人。人力資源諮詢、婚姻諮詢、個性諮詢、人生規劃、娛樂休閒處處都可以應用到紫微斗數，這是一片未開墾的智慧的處女地。

你，願意和我一起努力嗎？春天就開始吧！

後記
感恩斗數前輩的努力

目前很多斗數的書，都比較深奧，專業性很高，初學者可能看不進去，也不習慣閱讀。所以，我才萌生寫一本簡單的書的想法。

寫這本書，常想像竹筒子倒豆子，把我所見、所聞、所感、所知全部都分享給你們，我親愛的小寶寶們！我知道，你們都想學很多很多，想一下子就瞭解未來，充滿好奇、懷抱美好的人生希望！但我常常慚愧，常常落筆心有餘悸，因為我能給予你們的太少了，在這麼精美和深奧的斗數面前，我的幫助就像一塊樸實的木頭路標而已，僅僅指一個方向吧！肯定有不足，請你們多寬恕！

寫書過程，參考很多本書籍，我一一列下，一方面代表個人對各位斗數大德的尊重，另一方面也提供書籍給願意精進的小寶寶，讓大家像海綿一樣吸得滿滿的，我才高興啊！

飛星紫微斗數《十二宮六七二象》廣義的基礎論斷訣——梁若瑜 著

飛星紫微斗數《道藏飛秘》的邏輯與功法——梁若瑜 著

飛星紫微斗數【四化專論】——梁若瑜 著

梁若瑜飛星派紫微斗數課程——文字檔——周星飛 著

紫微斗數命運分析——徐曾生 著

紫微斗數上乘心法【四化飛星棋盤】——慧心居士 著

欽天四化 紫微斗數飛星秘儀——蔡明宏 著

開館人紫微斗數——方外人 著

斗數飛星解碼——翁福裕 著

紫微高階之一星曜鐵關刀——勸學齋主

紫微高階之二四化滴天髓——勸學齋主

紫微斗數開館的第一本書——鄭穆德

每位老師均有多部作品，大家還可以下載他們的其他作品閱讀。想深入學習斗數，各派的基礎手法均應知曉。還有一些很生動的斗數作品，比如九千飛星，都很值得閱讀品味。

在斗數學習過程中，感謝師公、師父的無私教誨，也感謝斗數名人陳承義（homvine，人稱h大）先生的指導。

在本書出版的過程中，深深感謝台灣吳家筠女士（人稱「飛星小燕子」）的傾力幫助。

吳淑燕（各項事宜）michelle5504811@yahoo.com.tw

白娘子博客 http://blog.sina.com.cn/ziweifeixing

郵箱（學理方面）ziweibainiangzi@gmail.com

附錄

（全部是梁若瑜師公的《飛星紫微斗數672象基礎論斷訣》一書的奶瓶級解釋）

十二宮位都代表什麼

命宮

1、命盤中樞，萬變不離其宗。

2、代表我，我的精神，意志，個性，個性，性情。有忌會容易苦惱，人生多痛苦波折。

3、三個重要情緒宮位之一（命、福德、疾厄），喜怒哀樂情緒抒發的宮位。命忌入交友，代表我惜情重義。

兄弟宮

1、兄弟位，媽媽位，大女兒位。

2、經濟位，銀行存款，代表物質生活。事業規模位，成就位。有忌，在乎成就，保守，沖交友，對人不多情。有權，也會沖交友，把自己當領袖。

3、氣數位，體質宮，看一個人是否氣虛。看健康的重要宮位。

4、婚姻的床位，臥室位，畫眉之樂的宮位。

夫妻宮

1、配偶位，有緣結識的異性位。
2、看婚姻和感情順利與否。
3、福分的財帛，福分財，因果帶來的財富。有偏財星化祿，容易中獎。
4、小小限的宮位，第二大限前都參考夫妻宮立太極看少小限。
5、疾厄的田宅，和健康有關。看健康，夫妻宮也要參考。

子女宮

1、子女緣分，兒子，一切晚輩緣，寵物，親戚位，第二任配偶。
2、合夥位，合夥是否順利看子女宮。
3、性的宮位，也代表女性的子宮，也是桃花的宮位。
4、田宅的遷移，家的外面，驛馬位。有忌，沖田宅，常不在家，或者常搬家變動，沖庫，不存錢。

5、看意外，業力病，多忌才可以發生嚴重的意外。

6、老運位，人心慈愛的宮位。愛小孩，愛寵物之人多是善良之人。

財帛宮

1、現金，財路，掙錢來源。

2、看一個人對錢的態度。

3、婚姻對待，夫妻忌入財帛，財帛忌入夫妻，都容易彼此對待不好，為財爭執。

疾厄宮

1、健康位，我的身體，胖瘦，習性，懶還是勤快。

2、田宅的事業，家運位，物質生活。

3、三個重要情緒宮位之一，有忌的人，常自我情緒嚴重，煩惱多。

4、父親的遷移，常藉疾厄看父親的能力。

遷移宮

1、一個人形象，模樣，外在的氣質。
2、遷移就是社會，一個人在社會上的際遇，地位，舞台，受不受歡迎。
3、因果位，天賦位，很多大根器之人的天賦來自遷移的祿權。
4、外出，一個人是否適合遠行。
5、意外位，因果病。

交友宮

1、有緣結識的一切同輩，朋友，客戶，同事，結婚前的對象。
2、人際競爭位，和升職考試都有關。
3、人情義的宮位，命忌入交友，會很在乎感情，沖兄弟，講情義就多破財。
4、婚姻的指標，婚姻好壞。
5、遺傳病的宮位，也看配偶的身體。

事業宮

1、我的工作，工作種類，職業。

2、人生運氣位。

3、讀書位。

4、夫妻的遷移，看配偶的地位際遇，也是我的婚外情的宮位。事業忌入夫妻，桃花星，容易因為自己婚外情破壞婚姻。

田宅宮

1、我的最大的財庫，一切財產的總和，房地產、收藏現金等，人生穩定位。

2、天倫之類，我的家庭生活，包括居住環境和鄰居相處。

3、家族，家世。

4、如家店合一，也代表我的店。

福德宮

1、我的精神層面，性情，興趣，執著，精神感受。
2、三個重要情緒宮之一，福德有忌，常精神壓力大。
3、因果位，根器，才華。
4、也是看晚運的重要宮位，健康的一個重要指標。
5、代表爺爺。

父母宮

1、代表父母，尤其是爸爸。
2、代表長輩緣分，領導上司緣分，和政府公家的緣分。
3、形於外，別人看得到的你的形象，談吐，舉止，修養。
4、讀書學習的宮位，學歷，知識。
5、名氣，名聲，榮譽。
6、和別人金錢往來的宮位，引申為銀行，私人借貸機構。
7、社會道德標準。夫妻忌入父母，如果再串連巨門忌，會容易有違反道德的婚姻。

十八顆星都代表什麼

紫微

1、代表周文王長子，伯邑考。尊貴，高貴。

2、珍奇古董，高樓大廈，進口高級的器具。精密而高價的物品，比如高級電腦手機。

天機

1、代表姜子牙，聰明，企劃，智慧，動腦子。化忌，鑽牛角尖。

2、禪定，冥想，命理，佛法。

3、軸承，車輪，機車，很多車禍和天機化忌有關。

4、驛馬星，變動，遷徙，遠行。

5、應用於人身，筋骨，神經系統（失眠，神經衰弱），毛髮，末梢，比如手指。

6、花草，矮木，盆栽。

太陽

1、紂王忠臣，比甘。光明磊落，博愛，像太陽一樣發光發熱。
2、光明，博愛，幫助別人，主政治。
3、驛馬，日出日落，變動。
4、能源，電力，引擎，網絡，電話，資訊傳媒。
5、應用人體：心臟，血壓，血液，頭，眼睛。

武曲

1、周文王二兒子，周武王。堅毅，主觀，正直，孤寡，剛則寡。
2、正財星，銀行，金融，出納，財務，錢。
3、金屬，輕重工業混合工廠。
4、應用人體：胸，肺，鼻子，牙齒，骨骼，結識能發出聲音的身體部位。女性有乳房的意思。

天同：

1、周文王，仁慈，福氣，延年益壽，壽星。
2、風水，方位學，卜卦。
3、美食，飲用水，池塘。
4、娛樂，休閒，美食餐飲，大型醫院，醫療，服務業。
5、應用人體：泌尿系統，消化系統，免疫系統，內分泌，耳，頻尿，盲腸炎。

廉貞：

1、紂王奸臣，費仲。小人，是非，奸邪。
2、是非，犯罪，訴訟，法律，罰單，軍警。
3、酒色財氣，夜總會，特種行業，賭業，娛樂業，投機，毒品。
4、應用人身：流血，發炎，腫瘤，各種意外出血。
5、家電。
6、偏財星，投機，賭。

天府

1、紂王的賢德妻子，姜皇后。代表祿庫，豐厚物產。
2、養殖，畜牧，大地養人，豐富物產。
3、好面子。
4、應用人身：脾，胃。

太陰

1、黃飛虎的貞潔妻子賈夫人，拒絕紂王調戲而跳樓自盡。象徵貞潔，賢良，玉潔冰心，溫婉顧家。田宅主。
2、驛馬，月出月落。
3、旅遊，飯店，出租業，房地產業，美容業，服裝業，女性的行業。
4、應用人身：皮膚，眼睛，荷爾蒙，女性月事。
5、頂級的物品，最高級的物品。

貪狼

1、妲己，千年狐精。美豔，貪慾。
2、修行，修練，命理，瑜珈，武術所有修行功夫，神仙術。
3、感情，酒色，私生活不檢點，桃花。
4、偏財星，投機，賭。
5、才藝，琴棋書畫，教育，老師，文化，藝術，文學。
6、應用人體：性，肝腎，大腿，腳，精氣神，也是壽星。
7、大樹，原材料，建材。

巨門

1、姜尚的惡妻。伶牙俐齒，猜忌，多疑。
2、化忌主小人，是非，口舌，猜忌，意外，車禍，化祿會說話。
3、巫術，鬼魅，地下的。
4、戶籍戶口，執照，化忌，無執照，無名分。

5、西藥，吃藥，診所。

6、應用人體：食道，胃，癌瘤，藥罐子，中邪。

7、卡車，鐵道運輸。車禍除了天機忌，也有巨門忌、廉貞忌。

天相

1、紂王忠臣，聞太師。司衣食，主爵位。輔佐他人。

2、和事佬，壽星。

3、手相，面相。

4、非食用水，精緻美食。

天梁

1、周營主帥，李天王，百戰不死。蔭星，壽星。

2、蔭星，政府，公職，官員，警政。

3、中醫，中藥，高級草木。

4、高級的住宅，別墅，高格調的。
5、誇張的說話。
6、證券，股票，保險業，老人行業，教育行業。

七殺

1、紂王忠臣，黃飛虎，後因妻被害而起義。勇敢，無畏，勇猛果決。
2、軍隊，警察，肅殺。
3、火車，輪船，飛機廠，火車站，軍區，大型重工業，武曲七殺就是鐵路。

破軍

1、紂王，暴君，最後滅亡。象徵破耗，暴虐。
2、數量大，大海水，運輸海運，倉庫，大拖車，消耗品，建築業。
3、地攤，市場，夜市，鬧區。
4、垃圾堆，工地，亂的地方。

5、偏財星。

文昌

1、正統文學，文章，書籍。
2、科甲，名聲。
3、紙筆，文字，契約。
4、應用人體：支氣管，手術，小管道，聲帶，斑點，神經系統，神經質。
5、手術，注射，護理工作。

文曲

1、才華，另類文學，小說，野史，雜誌。
2、交際，生活多彩多姿，多才情。
3、神經系統，神經質，泌尿系統，細小的管道，有時候女性輸卵管也是文曲化忌嘮叨。

4、文昌文曲都是驛馬星，主變動。

左輔、右弼

1、助善之星。貴人星。機智。幕僚，參謀。

2、排憂解難，斡旋。

十二宮位相互祿入旱忌入的解釋

命宮就代表我，紅塵中的我，我的個性、情緒。

命祿入兄弟：我經濟收入不錯，工作容易提升，我對兄弟不錯。

命祿入夫妻：我對異性溫柔多情，很包容，也容易自作多情。

命祿入子女：我喜歡小孩，喜歡外面，容易和別人一起進行合作，性趣高。

命祿入財帛：我掙錢不積極也能掙得不錯，和錢有緣，容易做業績分紅的工作。

命祿入疾厄：我懶，喜歡逍遙，容易心情好，也不容易受病痛折磨。

命祿入遷移：我外緣明亮，喜歡與人攀緣，走出去也常受眾人喜歡。

命祿入交友：我對朋友溫和友善，包容，接人待物不走極端。

命祿入事業：我對工作不積極也能做得不錯。

命祿入田宅：我喜歡家庭的天倫之樂，也容易經濟條件好，懶，喜歡享福。

命祿入福德：我想得開，知足常樂，懶，逍遙自在樂天，給自己精神充電。

命祿入父母：我彬彬有禮，尊敬長輩，善於討喜，愛讀書。

命自化祿：樂觀通達好相處，隨興，無原則的好人，也常信口開河，容易被騙。

兄弟宮，主要代表兄弟，現在都是獨生子女了，就主要代表我的第二經濟位——銀行存款情況（財帛的田宅），事業發展情況（事業共宗，也是夫妻閨房床位。

兄弟祿入命：兄弟和我感情好，生來經濟條件不錯，沒有很大負擔。

兄弟祿入夫妻：兄弟對異性溫柔多情，我少婆媳妯娌問題。

兄弟祿入子女：我給小孩零用錢充裕，經濟好多支出。

兄弟祿入財帛：從存款裡拿出錢來放口袋裡花，支出方便，少理財觀念。

兄弟祿入疾厄：物質生活好，兄弟感情不錯，工作不累，身體氣足。

兄弟祿入遷移：有發財、步步高升的機會，人生好混啊！

兄弟祿入交友：經濟好支出方便，與人金錢多往來，做人潮生意。

兄弟祿入事業：兄弟事業順利，我也資金充足，循環盈利。

兄弟祿入田宅：兄弟親人感情好，我資金足，財富蒸蒸日上。

兄弟祿入福德：身體精氣神足，經濟充裕。

兄弟祿入父母：我經濟好，信用好（父母銀行位）。兄弟嘴甜討好。

兄弟宮自化祿：經濟看上去良好，少有計畫，兄弟隨興靠不住，財富容易被劫。

夫妻宮，代表配偶，也代表我有緣接觸的一切異性，包括男朋友、男客戶，福分財（福德的財帛）。

夫妻祿入命：異性緣非常好，配偶喜歡我，容易婚姻得福，異性客戶多。

夫妻祿入兄弟：配偶容易經濟條件好，配偶量大，情緣早發。

夫妻祿入子女：配偶喜歡小孩，配偶容易往外跑。

夫妻祿入財帛：彼此對待很不錯，小事不計較，有異性帶財的可能。

夫妻祿入疾厄：配偶對我體貼，讓我快樂，容易身體接觸或一夜情（桃花星）。

夫妻祿入遷移：配偶讓我臉上有光，得異性庇蔭，配偶在外表現圓融明亮。

夫妻祿入交友：異性朋友多，配偶也人緣好，要防桃花多情（桃花星）。

夫妻祿入事業：配偶異性幫助我工作，防桃花多情（桃花星）。

夫妻祿入田宅：容易結婚置產，配偶顧家蔭家庭，配偶經濟條件不錯。

夫妻祿入福德：配偶讓我心靈愉快，愉快的婚姻，也要防桃花多（桃花星）。

夫妻祿入父母：名正言順的婚姻，配偶比較討長輩歡喜。

夫妻宮自化祿：異性緣旺，卻不長久，無原則的戀愛，春花秋月意亂情迷。

子女宮代表晚輩，下屬，寵物，合作（交友的事業），外出（田宅的遷移），親戚，性，婚外情，老運。

子女祿入命：子女和我親近，有子福，適合小孩子工作，合作緣好。

子女祿入兄弟：子女收入好，子女體質好，合夥緣好，性生活好。

子女祿入夫妻：性生活好，容易因孕而婚，合作緣好，親戚促成婚姻。

子女祿入財帛：子女能掙錢，適合小孩生意，合作帶財。

子女祿入疾厄：子女和我親，小孩子黏著我，容易多桃花（桃花星）。

子女祿入遷移：晚輩讓我臉上有光，子女外緣好，合作緣旺。

子女祿入交友：容易和晚輩打成一片，子女人緣好，性生活好。

子女祿入事業：合夥合作緣旺，子女喜歡工作，適合做小孩子生意。

子女祿入田宅：子女蔭家庭，適合小孩子生意，容易多桃花（桃花星）。

子女祿入福德：子女讓我開心，喜歡小孩子單純，性生活好，合夥緣好。

子女祿入父母：子女嘴甜討喜，子女喜歡讀書，容易遇到好老師。

子女宮自化祿：對子女少用心，遇桃花星，一夜情，沒原則的濫桃花。

財帛代表紅塵中掙錢、財路、手頭的錢，夫妻相互對待關係，財帛的祿入他宮，往往代表花到哪裡，還是喜悅的開銷。

財帛祿入命：掙錢輕鬆，適合分紅的業務工作。

財帛祿入兄弟：收入好不累，進財增進之象，有錢就存銀行，適合業務工作。

財帛祿入夫妻：進財順暢，彼此對待好，不和配偶計較金錢。

財帛祿入子女：給子女零用錢充足，有合夥掙錢的緣分，花錢隨興不計畫。

財帛祿入疾厄：掙錢輕鬆，讓身體愉快，花錢隨興不計畫，適合分紅工作。

財帛祿入遷移：財路廣，財源活絡，適合得人緣的業務公關銷售工作。

財帛祿入交友：人際熱絡，給人花錢不計較，生意有人氣。

財帛祿入事業：生意好，現金週轉快，有循環投資之象，變現快的現金生意。

財帛祿入田宅：進財順暢，有錢喜歡存起來買房，可經營房地產或者休閒旅館。

財帛祿入福德：樂觀有財，把錢也花到自己心靈喜好。

財帛祿入父母：多與人金錢往來，供養父母，信譽好，容易是銀行工作。

財帛自化祿：來財容易，少理財計畫，旅館宮飛忌容易被劫。適合日日見財的生意。

疾厄，不僅代表身體，也代表家運，疾是身體，厄是災厄。也是重要的情緒位之一。也是工作的場所（事業的田宅）。

疾厄祿入命：懶，隨遇而安，好心情，不勤奮，與媳婦好相處。

疾厄祿入兄弟：身體精氣神好，工作順利不忙祿，身體親近兄弟。

疾厄祿入夫妻：容易發胖，懶，身體親近配偶，肢體傳情，家運好。

疾厄祿入子女：身體親近子女、晚輩，情慾多（桃花星）。

疾厄祿入財帛：掙錢輕鬆，享現成，怕累，掙風花雪月的軟錢（桃花星）。

疾厄祿入遷移：逍遙，喜歡旅行，脾氣隨和，容易發胖，工作環境好。

疾厄祿入交友：很提攜親近朋友，隨和親切，人氣生意，防桃花（桃花星）。

疾厄祿入事業：工作不累輕鬆，也不太積極，工作環境大又好，易胖。

疾厄祿入田宅：身體喜歡親近家人，與家人相處時間多，家運好，家安定宅祥和。

疾厄祿入福德：懶得動，身心逍遙，家運好，無久病糾纏。

疾厄祿入父母：脾氣好，舉止溫和有禮，身體親近長輩（父母）。

疾厄自化祿：安逸，懶，享受生活。漫不經心，欠積極。

遷移，代表廣大社會，能讓人一眼看得到的你的形象氣質。也代表離家在外面的狀況，也代表果報。遷移祿入哪個宮位，代表你在這方面很擅長順利，有社會資源、果報相助。遷移還是根器位，如果是壬天梁或者戊貪狼祿，容易有佛教和命理的根器。

遷移祿入命：福報好，際遇好，社會資源讓我開心，天賦根器。

遷移祿入兄弟：八面來財，步步高升，社會資源惠我經濟，適合業務運作。

遷移祿入夫妻：容易遇到較多情緣，對異性有辦法（桃花星），受異性青睞。

遷移祿入子女：愉快的出行，在晚輩面前形象好，飛來豔福（桃花星）。

遷移祿入財帛：財路廣，很會選擇財路，開創業務，善於攀緣使得財源廣進。

遷移祿入疾厄：愉快的出行，常有旅遊出行的機會，讓心情放鬆自在。

遷移祿入交友：善於人脈運作，廣交際，長袖善舞。有群眾魅力，演藝人員。

遷移祿入事業：工作機遇好，善攀緣，外出好賺錢，也容易開創業務進財順暢。

遷移祿入田宅：果報蔭我家宅，讓我致富，容易外出置產，外出可衣錦還鄉。

遷移祿入福德：逍遙自在，想得開，果報讓我開心，天降好事，根器好才華好。

遷移祿入父母：善於察言觀色，學習緣厚，見多識廣，所學可用，與長輩攀緣。

遷移自化祿：外緣不錯，喜歡新鮮，容易受外界影響，遇到他宮忌，被牽著走。

交友宮代表同輩、客戶、朋友、同事、五倫之眾生。交友也是配偶的身體（夫妻的疾厄），和自身的體質也有關係。也是競爭位，競爭選舉都要靠人際拱。

交友祿入命：同輩對我好，人際獲福，多得人幫助，也利於考試競爭。

交友祿入兄弟：朋友到我身邊來，因為人際容易八方來財（休閒人潮生意）。

交友祿入夫妻：異性朋友多，婚後朋友多，防桃花（桃花星），配偶容易發胖。

交友祿入子女：晚輩緣好，有晚輩忘年交，朋友來合作，配偶性能力好（桃花星）。

交友祿入財帛：朋友幫我掙錢，對我不計較，多與人金錢往來，也多生意朋友。

交友祿入疾厄：朋友喜歡和我在一起，親近我身體，人潮生意，防桃花（桃花星）。

交友祿入遷移：朋友讓我臉上有光，社交圈廣，得人脈幫助。

交友祿入事業：朋友幫我事業，客人也幫我工作，多給予我方便，利於升職競爭。

交友祿入田宅：人氣旺，客源好，人際帶大財，可以從事人潮生意（休閒餐飲）。

交友祿入福德：朋友讓我開心，人緣熱鬧，氣味相投少費心機，喜歡聊天喝茶。

交友祿入父母：朋友多有涵養，有學識，人際和氣愉悅，有長輩的忘年交。

交友自化祿：看似朋友都不錯，對朋友沒原則，老好人一個，多奉承，少知己。

事業，代表我的工作，也是運氣位，也代表學習讀書位。也是婚外情的宮位（夫妻的遷移）。

事業祿入命：運氣好，工作樂觀順手，不累，容易自由職業，宜業績分紅。

事業祿入兄弟：事業多順手，不累，業績分紅，高收入。

事業祿入夫妻：適合異性為對象的工作，婚後事業順利，防婚外情（桃花星）。

事業祿入子女：適合小孩子為對象的工作，合作合夥，我的工作庇蔭子女。

事業祿入財帛：現金循環回收快，適合變現快的生意，工作也容易高薪分紅。

事業祿入疾厄：工作輕鬆不累，職場順心讓我愉快，高薪業績分紅，也可以生意。

事業祿入遷移：善於攀緣向外發展，口碑好，廣得人和，適合公關銷售的業務。

事業祿入交友：職場人氣好，廣得人際幫助，客戶多，適合批發和服務業。
事業祿入田宅：事業蔭家庭，適合和家有關的工作（房地產，旅店）。
事業祿入福德：工作讓我心靈愉悅，容易做上喜歡的工作，適合人潮休閒類工作。
事業祿入父母：容易公職，得上司滿意，步步高升，前途光明。長輩慈善生意。
事業自化祿：不適合生產行業，適合小本、回收快的生意。

田宅代表我最大的財庫，包括房地產、存款、家庭一切財產的宮位。也是享受家人天倫之樂的宮位。真正富有的人，田宅一定漂亮，而不是財帛。
田宅祿入命：家庭庇蔭我，享現成，生活優渥，得助置產，常受寵愛，不擔家計。
田宅祿入兄弟：家好庫盈，生活優渥，容易投資，可以店家合一，自家開店盈利。
田宅祿入夫妻：結婚置產，婚後經濟變好，家人相處愉快，房地產盈利（偏財星）。
田宅祿入子女：家業傳小孩，庇蔭子孫，容易不動產買賣，從事小孩子工作。
田宅祿入財帛：家好庫盈，支出方便，少有理財計畫，容易投資休閒業房地產。
田宅祿入疾厄：家讓我快樂，家庭好，家運順，生活優渥，不用承擔家計。

田宅祿入遷移：家世門風好，社會有地位，多外出，衣錦還鄉，發富（偏財星）。
田宅祿入交友：家裡朋友、客人、員工多，人氣高，可做人潮生意，物質支出方便。
田宅祿入事業：家裡幫助工作，不用負擔的工作，易從事和家有關的工作。
田宅祿入福德：家讓我心滿意足，家運好，祖上積德，家宅安寧和樂。
田宅祿入父母：家和孝順，家處市區，人氣旺，房子越弄越漂亮，從事老人行業。
田宅自化祿：家看上去不錯，凝聚力不強，少用心在家，對家不大管。
福德代表果報，根器，也代表我的精神層面，我的想法，人生享受位。
福德祿入命：我樂觀，想得開，逍遙自在，福報好。
福德祿入兄弟：健康，經濟好，不計較兄弟。
福德祿入夫妻：對異性溫柔多情，格外包容溺愛，防桃花（桃花星）。
福德祿入子女：格外寵小孩，喜歡小孩的天真，喜歡寵物，仁慈善良。
福德祿入財帛：福厚來財，以興趣才華賺錢，八方來財，衣食無憂。
福德祿入疾厄：樂觀逍遙自在，心寬體胖，懶散，怕流汗，防心無大志。

福德祿入遷移：樂觀隨遇而安，好脾氣，喜歡外面新鮮事物。
福德祿入交友：喜歡和朋友在一起熱鬧，有樂同享，樂觀，以興趣會友。
福德祿入事業：喜歡工作，容易做自己喜好、才華的工作，不積極也能做好。
福德祿入田宅：祖德流芳，庇蔭子孫，家庭生活優渥，也是懶，逍遙。
福德祿入父母：親近長輩，和顏悅色，有禮貌，愛讀書，長輩有祖蔭庇護。
福德自化祿：想法天真爛漫，逍遙，沒有人生計畫，被忌劫，容易被人騙。

父母宮，代表父母、長輩、上司，代表政府、公職，也代表學識涵養，你的外在氣質，還代表交友金錢往來，引申為銀行及貸款，也是文書宮位，還代表結婚之後的家，婚姻的名分（夫妻的田宅）。

父母祿入命：父母疼愛我，我有忘年交，學習好、考試好，見多識廣，利公職。
父母祿入兄弟：父母幫我經濟，父母生活安定祥和，與銀行多往來，信用好。
父母祿入夫妻：名正言順的婚姻，長輩促成婚姻，長輩開明，婚後可與父母同住。
父母祿入子女：父母疼孩子，祖孫疼，用好的知識教育子女，孩子遇到好老師。
父母祿入財帛：父母幫我經濟，我信用好，多與銀行往來，借貸容易。

父母祿入疾厄：父母關心我身體，可長久同住，我修養好，自在放下。
父母祿入遷移：父母讓我臉上有光，得長輩庇蔭，形象好，善表達，利公職。
父母祿入交友：容易交到有涵養有學識的朋友，有忘年交，父母開明人際好。
父母祿入事業：父母、政府、上司照顧我工作，高學歷帶來好工作，利考試。
父母祿入田宅：父母幫我置產，貸款方便，父母生活安定祥和。
父母祿入福德：父母讓我開心，我與父母關係好，讀書緣好，利公職。
父母自化祿：愉悅，喜歡討好，防偽善。對父母常說好話，少真孝養。

十二宮位某宮忌入某宮的解釋

命宮就代表我，紅塵中的我，我的個性、情緒。

命忌入兄弟：在乎兄弟，想創業，重視成就，沖交友，把人分三六九等對待。

命忌入夫妻：在乎感情，把異性視為第一位，沖事業，動感情，工作就不穩。

命忌入子女：疼孩子，常離家在外，開創性，沖田宅，破財搬家，桃花星是性。

命忌入財帛：愛財，認真賺錢，計較錢，沖福德，為賺錢而享受少。

命忌入疾厄：容易生病，忙碌，容易自我情緒多，不好接觸，有私心。

命忌入遷移：耿直，簡單，不太有心機，喜歡外出。

命忌入交友：惜情重義，把朋友擺第一，沖兄弟，講情義就花錢，不存錢之忌。

命忌入事業：認真工作，事必躬親，沖夫妻，顧不了配偶，先立業再結婚的想法。

命忌入田宅：顧家，保守，有私心，對朋友不多情。

命忌入福德：重享受，固執，貪狼廉貞還會有菸酒賭色的癮，沖財帛，亂花錢。

命忌入父母：孝順，喜怒形於色，脾氣大，沖疾厄，脾氣傷身，也容易換工作。

命自化忌：不堅持，半途而廢，不記恨，過了就算了，情緒反覆多變。

兄弟宮，主要代表兄弟，現在都是獨生子女了，就主要代表我的第二經濟位——銀行存款情況（財帛的田宅），事業發展情況（事業共宗六位），也是夫妻閨房床位。

兄弟忌入命：有經濟壓力，為兄弟所累，生活宜保守，開源節流。

兄弟忌入夫妻：婚後宜單獨居住，夫妻少趣。投資少利宜穩定，健康下滑。

兄弟忌入子女：退財，財不入庫，不善理財，人生多波折。兄弟各立門戶。

兄弟忌入財帛：退財，支出多，或投資破財，最好有固定來源，健康下滑。

兄弟忌入疾厄：兄弟有私心或者我為兄弟所累，我工作忙碌不得閒。

兄弟忌入遷移：支出過大，損失比較多，最宜有穩定來源，不要從事生產行業。

兄弟忌入交友：退財，借錢給人難收回，不善理財，人生多波折。健康下滑。

兄弟忌入事業：兄弟認真工作，適合安定上班，小本生意，宜保守安定。

兄弟忌入田宅：兄弟顧家自私，對我助力不大。儲蓄而積累，辛苦起家。

兄弟忌入福德：難蓄財，經濟堪憂，健康下滑，兄弟中有重享受之人。

兄弟忌入父母：退財，有貸款壓力，借錢給人難收回，兄弟孝順父母。

兄弟自化忌：不善存錢理財，財庫漏掉、流失。健康下滑，兄弟助力不大。

夫妻宮，代表配偶，也代表我有緣接觸的一切異性，包括男朋友、男客戶，福分財（福德的財帛）。

夫妻忌入命：遇到異性固執，不好講通，讓我不得不多付出，欠感情債。

夫妻忌入兄弟：配偶在乎成就，閨房少趣，婚姻倦怠。

夫妻忌入子女：配偶疼孩子，配偶不願回家，婚姻容易出現婚外情（桃花星）。

夫妻忌入財帛：貧賤夫妻百事哀，彼此對待不好，易為錢或者瑣碎小事爭吵。

夫妻忌入疾厄：配偶勤快，黏著我，也是不讓我愉快，忌入疾厄代表有苦味。

夫妻忌入遷移：配偶耿直，平淡無趣，自己也不善表達感情，貌合神離。

夫妻忌入交友：配偶惜情重義，家庭無趣，配偶干涉我交友。

夫妻忌入事業：配偶重視工作，生活無趣。桃花星，婚姻貌合神離。

夫妻忌入田宅：配偶顧家但也容易自私，桃花星桃花敗財，別想齊人之福。

夫妻忌入福德：欠感情債，為婚姻感情而苦惱，感情帶來極大痛苦。

夫妻忌入父母：同居無名分，離婚名分消失，婚姻怨形於色。

夫妻自化忌：不善經營婚姻，貌合神離，感情有離心力。

子女宮代表晚輩，下屬，寵物，合作（交友的事業），外出（田宅的遷移），親戚，性，婚外情，老運。

子女忌入命：欠子債，小孩固執，教養費心。合夥費心。

子女忌入兄弟：性生活不好，閨房少趣。

子女忌入夫妻：先孕後婚，子女黏著配偶，防第三者插足（桃花星）。

子女忌入財帛：小孩愛掙錢，欠小孩金錢債，合夥虧錢，意外破財。

子女忌入疾厄：小孩子纏著我，性生活不好，合夥不順，防意外、病痛。

子女忌入遷移：子女不在身邊，合夥緣差，防意外。

子女忌入交友：防小孩交壞朋友，合夥不順。

子女忌入事業：小孩事業心重，合夥不順。

子女忌入田宅：格局好，小孩子顧家勤儉，格局不好，小孩子窺探財產。

子女忌入福德：為子女操心，小孩重享受，合夥虧錢，老來有憂。

子女忌入父母：子女孝順，子女喜怒形於色，格局差，子女不受教。

子女自化忌：少用心於子女，子女費心，合夥不順，濫桃花（桃花星）。

財帛代表紅塵中掙錢、財路、手頭的錢，夫妻相互對待關係。
財帛忌入命：賺錢辛苦，最好穩定，為錢傷神。貪狼廉貞，防賭色。
財帛忌入兄弟：儲蓄，存錢，積少成多，保守安定，少社交。
財帛忌入夫妻：彼此對待不好，最好分別理財，收入可能不穩定。
財帛忌入子女：財不入庫，不善理財。給子女多花費。
財帛忌入疾厄：勤快，儉樸，錢花在刀刃上不浪費，保守安定。
財帛忌入遷移：憨直少算計，不善社交賺錢，多支出，沒有理財觀念。
財帛忌入交友：財帛給朋友花掉，漏財，防因友損財。
財帛忌入事業：最好上班，或者現金生意，不要做生產行業，回收資金不行。
財帛忌入田宅：儲蓄，存錢，積少成多，保守安定，少社交。
財帛忌入父母：支出多，不善理財，防信貸問題，和人金錢往來不順。
財帛忌入福德：為自己享受亂花錢，不善理財，可能有癮（廉貞貪狼）。
財帛自化忌：手頭存不住錢，多花用，宜上班或現金生意。

疾厄，不僅代表身體，也代表家運，疾是身體，厄是災厄。也是重要的情緒位之一，也是工作的場所（事業的田宅）。

疾厄忌入命：情緒差，不得不忙祿，容易生病。

疾厄忌入兄弟：體質欠佳，情緒不開朗，社交少，需多運動。

疾厄忌入夫妻：性生活差，體質瘦弱。

疾厄忌入子女：不喜歡小孩纏我，性生活不好，不耐靜，個性不穩。

疾厄忌入財帛：玩命過勞的掙錢，或者身體差花醫藥費。

疾厄忌入遷移：性躁，遇事亂章法，瘦，防意外和病，外出不安定。

疾厄忌入交友：不喜歡久膩朋友，不熱絡，健康下滑，夫妻閨房不合。

疾厄忌入事業：工作環境差，工作超負荷，不開心，瘦。

疾厄忌入田宅：情緒不開朗，宅男宅女，容易得病，家運凝滯。

疾厄忌入福德：情緒不好，生活壓力大，久病。

疾厄忌入父母：脾氣快，心直口快，喜怒形於色。

疾厄自化忌：勞碌，情緒不穩，自我情緒比較嚴重，生病還容易摘除器官。

遷移，代表廣大社會，能讓人一眼看得到的你的形象氣質。也代表離家在外面的狀況，也代表果報。

遷移忌入命：孤獨，不善逢迎，意外的天災人禍，防小人，宜保守謹慎。

遷移忌入兄弟：社會關係差，不會逢迎，影響成就，不會理財，意外破財。

遷移忌入夫妻：不善處理異性的事情，第三者插足我婚姻，意外影響工作。

遷移忌入子女：不善應付小孩子和人際，外出徒勞而無功，理財越理越亂。

遷移忌入財帛：不善理財，財路窄，防意外損財，防小人。

遷移忌入疾厄：意外傷害身體，奔波勞碌危險，意外小人糾纏，業力病。

遷移忌入交友：不會處理人際問題，喜清靜，不喜歡交往，單純。

遷移忌入事業：不善逢迎，工作面窄，防小人，意外傷害工作。

遷移忌入田宅：家道不興，門庭冷落，離鄉背井，意外損財，被盜竊。

遷移忌入父母：不善處理長輩人際，孤陋寡聞，不善社會學習，不善察言觀色。

遷移忌入福德：外在對精神情緒影響大，意外災病。

遷移自化忌：不喜逢迎，不在意外面對自己看法，缺少社會智慧。

交友宮代表同輩、客戶、朋友、同事、五倫之眾生。交友也是配偶的身體（夫妻的疾厄），和自身的體質也有關係。也是競爭位，競爭選舉都要靠人際拱。

交友忌入命：欠朋友債，遇小人，為人際多付出。不利於競爭。

交友忌入兄弟：損友窺視我財務，防引狼入室，被經濟差的朋友拖垮。

交友忌入夫妻：夫妻生活無味，配偶身體又微恙，第三者插足我婚姻。

交友忌入子女：性方面被佔便宜（桃花星），防小孩學壞，合夥不順。

交友忌入財帛：防愛財的朋友，被人家盯上，或者窮困的朋友。

交友忌入疾厄：怕孤獨亂交朋友，狐朋狗友，小人糾纏，樹倒猢猻散。

交友忌入遷移：交際少，朋友不多，好朋友在遠方，近身多是要累心的人際。

交友忌入事業：工作上容易遇小人，合夥尤其要防止舞弊。不利於競爭。

交友忌入田宅：損友鯨吞我錢財，是非，被人偷竊盯梢。

交友忌入福德：孤僻，只能交同嗜好的朋友，朋友重享受，最終還是孤獨。

交友忌入父母：格局好，朋友愛讀書孝順，格局不好，朋友叛逆素質低。

交友自化忌：交友不長久，不喜歡逢迎，終究也沒知己。

事業，代表我的工作，也是運氣位，也代表學習讀書位。也是婚外情的宮位（夫妻的遷移）。

事業忌入命：有工作債，為工作忙死，不得不做。

事業忌入兄弟：守成穩定常公職，忙碌事必躬親，沖交友，社交不多。

事業忌入夫妻：工作不穩定，創業需和配偶共同努力，防自身桃花破壞婚姻。

事業忌入子女：合夥費心，工作不穩定。

事業忌入財帛：宜穩定上班，只適合現金生意，不適合生產行業，資金難週轉。

事業忌入疾厄：工作勞碌，緊張，身體倦怠，無人可替，事必躬親，少社交。

事業忌入遷移：不善攀緣，應酬，際遇差，工作停頓，宜穩定。

事業忌入交友：最好獨立工作，否則被損友拖垮，不宜合夥。

事業忌入田宅：守成穩定常公職，或者和家人一起做，社交不多。

事業忌入福德：工作心煩，最好做自己有興趣的，事業不掙錢，宜穩定。

事業忌入父母：不善和主管相處，不利公職，容易工作不穩定。

事業自化忌：宜穩定上班，只適合現金生意，對工作不堅持。

田宅代表我最大的財庫，包括房地產、存款、家庭一切財產的宮位。也是享受家人天倫之樂的宮位。

田宅忌入命：有家庭或經濟負擔，需要為家多付出，容易擔負長子責任。
田宅忌入兄弟：退財，投資容易負債，兄弟承擔家計，宜店家分開。
田宅忌入夫妻：配偶承擔家計，婚後小家庭單獨住，夫妻相處宜少，少投機。
田宅忌入子女：大筆花錢，退財，家庭離心力，孩子需承擔家計。
田宅忌入財帛：退財，耗材，不存錢，容易負債，防貸款壓力，宜保守。
田宅忌入疾厄：有家庭債，需承擔家計，家庭紛擾，在家待不住。
田宅忌入遷移：搬家退財，家道不興，房子舊或偏遠，離鄉背井。
田宅忌入交友：退財破財，家偏遠，家庭人氣不旺。
田宅忌入事業：有家庭負擔要不停工作，宜店家分開，小本經營。
田宅忌入福德：家讓我煩，家宅不寧，家道不興。
田宅忌入父母：搬家退財，家偏遠，拖貸款，不能幫人作保，門風差。
田宅自化忌：耗材，退產，家庭凝聚力差，不顧家，多搬家。

福德代表果報，根器，也代表我的精神層面，我的想法，人生享受位。

福德忌入命：杞人憂天，多煩惱。遇貪狼廉貞，還有癮，導致人生波折。

福德忌入兄弟：自私，執著於成就，為人計較不多情，健康有礙。

福德忌入夫妻：偏執的愛，愛恨激烈，執迷感情，桃花臨身毀掉婚姻。

福德忌入子女：操心子女，對子女挑剔、溺愛，不聽話又會嚴厲管教。

福德忌入財帛：愛財，精打細算，為錢傷神，傷福氣，偏執狹隘。

福德忌入疾厄：有潔癖（太陰）或者偏執，焦慮，自殘、情緒差。

福德忌入遷移：偏執暴躁，脾氣大，不惜福，防災病，修行者（遇宗教星）。

福德忌入交友：怕孤獨而非理性人際交往。逢宗教性，容易佈施眾人。

福德忌入事業：偏執狹隘，挑剔工作，最好以興趣為業，有技能最好。

福德忌入田宅：自私狹隘，顧家，對親戚朋友不多情，最宜修身養性。

福德忌入父母：偏激暴躁，脾氣大，出言不遜向外發洩，修養差。

福德自化忌：常有莫名煩惱，耐性不足，好惡善變。

父母宮，代表父母、長輩、上司、代表政府、公職，也代表學識涵養，你的外在氣質，還代表和交友金錢往來，引申為銀行及貸款，也是文書宮位，還代表結婚之後的家，婚姻的名分（夫妻的田宅）。

父母忌入命：父母疼我，但容易有代溝，與人借貸不清，讀書多辛苦。

父母忌入兄弟：父母守成，父母關心兄弟，有銀行貸款，不要幫人作保。

父母忌入夫妻：長輩煩惱反對我婚姻，違反道德的婚姻，父母道德位。

父母忌入子女：父母疼孩子，我對小孩子教育不得要領。

父母忌入財帛：父母勤儉，父母擔心我金錢，小心貸款作保與人金錢往來不順。

父母忌入疾厄：父母忙碌，父母管我過多，我不愛念書，修養差。

父母忌入遷移：父母不能庇蔭我或者遠離我，表達差，出口成髒，不利於念書。

父母忌入交友：父母重義，我考試競爭不利，長輩干涉我人際，忠言諫友。

父母忌入事業：父母重工作，父母擔心我工作，長輩給我工作施壓，念書辛苦。

父母忌入田宅：父母顧家，父母擔心我家庭，有銀行貸款，格局不好家門風差。

父母忌入福德：不愛念書，父母有憂，不宜與人有金錢往來。

父母自化忌：不喜歡念書，不虛心，少形象氣質，不關心長輩，需盡孝養之責。

與紫微斗數結緣的每個夜晚都是溫暖而有信仰的……

國家圖書館出版品預行編目資料

史上最好學的紫微斗數書 / 紫微白娘子著.
——第一版——臺北市：知青頻道出版；
紅螞蟻圖書發行，2012.4
面　公分——(Easy Quick；120)
ISBN 978-986-6030-23-9（平裝）

1.紫微斗數

293.11　　101004922

Easy Quick 120

史上最好學的紫微斗數書

作　　者／紫微白娘子
校　　對／楊安妮、周英嬌、紫微白娘子
發 行 人／賴秀珍
總 編 輯／何南輝
出　　版／知青頻道出版有限公司
發　　行／紅螞蟻圖書有限公司
地　　址／台北市內湖區舊宗路二段121巷19號(紅螞蟻資訊大樓)
網　　站／www.e-redant.com
郵撥帳號／1604621-1　紅螞蟻圖書有限公司
電　　話／(02)2795-3656（代表號）
傳　　真／(02)2795-4100
登 記 證／局版北市業字第796號
法律顧問／許晏賓律師
印 刷 廠／卡樂彩色製版印刷有限公司
出版日期／2012年 4月　第一版第一刷
2017年 6月　　　第四刷

定價 320 元　港幣 107 元

ISBN　978-986-6030-23-9　　Printed in Taiwan